Boße | Die drei ???. 100 Seiten

✻ Reclam 100 Seiten ✻

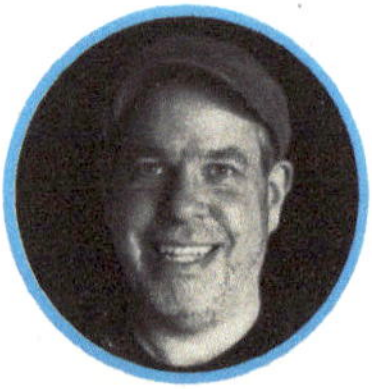

ANDRÉ BOSSE, geb. 1974, ist freier Kulturjournalist. Er schreibt für Musik- und Gesellschaftsmagazine (u. a. *Musikexpress*, *Visions*, MINT, GALORE) aber auch für *SZ*, *Brand eins*, *Die Zeit* oder *Der Spiegel*. Seit Kindheitstagen ist André Boße Fan von *Die drei ???*. Inzwischen spielt er seinen Kindern die Folgen vor.

André Boße

Die drei ???. 100 Seiten

Reclam

6. Auflage

2022 Philipp Reclam jun. Verlag GmbH,
Siemensstraße 32, 71254 Ditzingen
info@reclam.de
Umschlaggestaltung: Philipp Reclam jun. Verlag GmbH
nach einem Konzept von zero-media.net
Infografik (S. 66 f.): annodare GmbH, Agentur für Marketing
Bildnachweis: S. 53: © IMAGO / BRIGANI-ART; S. 55: © Panther Media GmbH / Alamy Stock Foto; Autorenfoto: © Matthias Haslauer
Umschlagmaterial: Creative Print, Schabert
Druck und Bindung: Esser printSolutions GmbH,
Untere Sonnenstraße 5, 84030 Ergolding
Printed in Germany 2025
RECLAM ist eine eingetragene Marke
der Philipp Reclam jun. GmbH & Co. KG, Stuttgart
ISBN 978-3-15-020670-6
reclam.de

Für mehr Informationen zur 100-Seiten-Reihe:
reclam.de/100Seiten

Die Titel der *Die drei ???*-Bände, -Folgen und -Fälle werden wegen der besseren Lesbarkeit und aus Platzgründen häufig in Kurzform angegeben. Anstelle von *Die drei ??? und der Super-Papagei* heißt es etwa *Der Super-Papagei* usw.

Inhalt

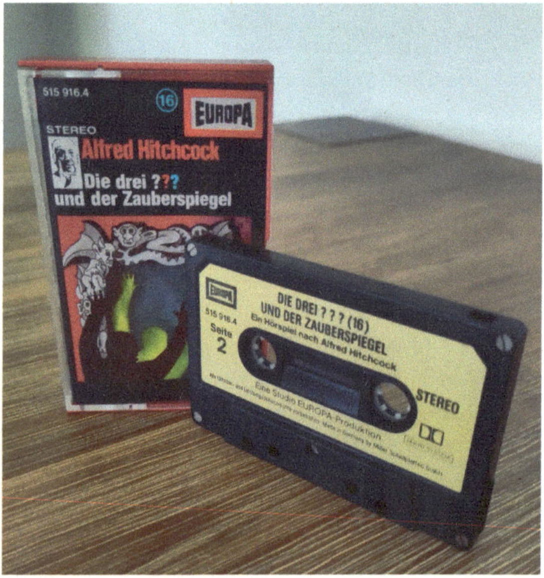

Ein Klassiker, der alles bietet, was die Reihe auszeichnet: *Die drei ??? und der Zauberspiegel*, als Hörspiel erschienen 1980, hier in einer frühen Auflage auf einer verschraubten Kassette.

Dreimal *Die drei ???*

Meine drei Phasen mit *Die drei ???*: Dauerbeschallung im Jugendzimmer, kultige Einschlafhilfe in der Studenten-WG, Generationenkonflikte im Familienauto.

Erstens, fast zehn

»Aber ein Mann, ein kleiner Mann kann den Spiegel nicht wegtragen.« Das ist er, der verräterische Moment! Gerade noch hat Rafael Santora behauptet, er habe den Dieb des Spiegels gar nicht gesehen. Aber woher will er dann wissen, dass es sich um einen Mann, noch dazu um einen kleinen Mann handelt?

Ich drücke aufgeregt auf die Pausentaste des Kassettenrekorders, fühle mich wie Emil Tischbein, Derrick und Sherlock Holmes, vereint in einem Neunjährigen. Es ist Anfang 1984. Drei Themen definieren mein Kinderzimmer: Fußball, Popmusik, Hörspielkassetten. An der Wand hängt ein Mannschaftsfoto des Hamburger SV, amtierender Gewinner des Europapokals der Landesmeister, daneben die Stecktabelle des *Kicker*-Magazins, die ich bewusst nicht wahrheitsgetreu pflege, sondern nach meinen Idealvorstellungen (der HSV immer auf Platz eins, der FC Bayern nur in Liga zwei, es lebe die kindliche Phantasie). Dazu Poster meiner Lieblings-Pop-Acts Duran Duran und Paul Young, fein säuberlich der *Bravo* entnommen, links daneben ein Setzkasten für Kassetten, in dem die *Die drei ???*-Reihe am markanten Schwarz der Inlays sowie dem Logo der Firma Europa sofort zu erkennen ist. Auch die Ermittlerkonkurrenz ist vertreten: *TKKG* in Blau, Enid Blytons *Fünf Freunde* in Gelborange, die *Funk-Füchse* in Dunkelgrün. Doch das Schwarz und *Die drei ???* dominieren, übrigens auch in der etwas weniger gut bestückten Büchersammlung: Ich besitze ein knappes Dutzend Fälle von *Die drei ???*, dazu gesellen sich ein, zwei Exemplare, die ich mir aus der Bücherei geliehen habe. Ich lese zwar ganz gerne. Aber viel lieber höre ich. Ich bin Teil der Generation der Kassettenkinder.

Neuling in der Hörspielsammlung (Status: nicht vollständig, aber wachsend) ist die Folge *Die drei ??? und der Zauberspiegel*, Folge 16 (die Folgenangaben beziehen sich auf die Nummern der Hörspielserie, sofern nicht anders angegeben), gekauft vom eigenen Taschengeld im lokalen Hi-Fi-Geschäft zum damaligen Standardpreis von 6 Mark und 95 Pfennigen. Schon das Titelbild der Folge ist faszinierend: Eine schwarze Gestalt posiert vor einem mit dämonischen Kreaturen verzierten Spiegel, sie reflektiert in einem gespenstischen Grün. Läuft das Hörspiel, folgt auf die munter und harmlos gepfiffene Titelmelodie der Einsatz von Peter Pasetti, der als Sprecher in frühen Fällen gleich zwei Rollen einnimmt: Er ist Erzähler und manchmal auch Alfred Hitchcock, der Meisterregisseur, der als meist übel gelaunter Mentor der Juniordetektive aus Rocky Beach fungiert. Der Einstiegssatz des Erzählers im *Zauberspiegel* lautet: »Justus Jonas, Peter Shaw und Bob Andrews warteten an einem Lastwagen der Firma ›Gebrauchtwarencenter Titus Jonas‹ vor einer alten Villa am Crest View Drive.«

Der Satz klingt gewöhnlich, aber er ist genial. Der amerikanische Sänger und Songwriter Tom Waits hat mir einmal in einem Interview gesagt, alles, was ein Song benötige, sei eine Stadt, in der er spielte, eine Person, die besungen werde, und ein Wetter. Bei Hörspielen ist das ähnlich: die Namen der drei ???, der Lastwagen, die alte Villa an einer Straße namens Crest View Drive – sofort stecke ich mitten in dieser Geschichte.

Das Geheimnis ruft, das Abenteuer beginnt. Verortet ist es in einer amerikanischen, genauer gesagt kalifornischen Landschaft, die mir als neun Jahre altem Kind aus dem Münsterland gleichzeitig fremd und vertraut vorkommt. Ich, na ja, »kenne« die USA über Serien wie *Ein Colt für alle Fälle* oder *Hart aber herzlich*, die seit einigen Monaten im Vorabendprogramm laufen – Formate, die meine und die Sehgewohnheiten meiner Freundinnen und Freunde damals genauso auf den Kopf stellen, wie es viele Jahre später *Twin Peaks, The Sopranos* oder *Game of Thrones* gelingt. Es stimmt nicht, dass Serien erst im Netflix-Zeitalter Relevanz erhalten haben. Sie waren schon immer wichtig, um über sie fremde Welten kennenzulernen. Meine Mutter hat Amerika über Karl May kennengelernt. Ich über Colt Seavers.

Wie viele Fernsehserien basieren auch *Die drei ???* auf einem übersichtlichen Grundsetting. Die wesentlichen Figuren tauchen gleich zu Beginn des *Zauberspiegels* auf: Neben Justus, Peter und Bob kommt Onkel Titus zu Wort, dessen Beruf als Gebrauchtwarenhändler im fiktiven Küstenstädtchen Rocky Beach die drei Jungen zu mysteriösen Menschen und Orten führt. Kurz darauf taucht die Figur Morton auf, ein englischer Chauffeur, dessen Dienste sich die drei ??? zunächst auf begrenzte Zeit bei einem Preisausschreiben gesichert haben, bis ein dankbarer Klient (August August aus der Folge *Der Fluch des Rubins*, wir werden ihm später noch einmal begegnen) diesen Service auf Lebenszeit verlängert. Ein genialer dramaturgischer Kniff, denn damit sind die drei Jungen mobil – und noch dazu in einem Rolls Royce unterwegs.

Im *Zauberspiegel* treffen Justus, Peter und Bob den Chauffeur und seinen Rolls Royce ganz zufällig am Straßenrand in Los Angeles, einer Megacity mit einer Fläche von mehr als 1300 Quadratkilometern und mehreren Millionen Einwohnern. Diese in der Realität äußerst unwahrscheinliche zufällige Begegnung ist ein Beispiel für das fiktive Westentaschenamerika der *Die drei ???*, dessen Struktur sich nicht sonderlich von der Wirklichkeit in meiner kleinen Heimatstadt unterscheidet. Da trifft man ja auch andauernd irgendwen. Dass in der Geschichte vom *Zauberspiegel* kurz darauf eine Dame namens Catherine Darnley auftaucht, gekleidet in auffällig altmodische und aufwendige Klamotten, steht dagegen für das mysteriöse Element Amerikas – denn einer solchen Frau begegnet man in bundesdeutschen Kleinstädten eher selten. Bob, verantwortlich für Recherchen und Archiv, nennt die Lady eine »Rokokokokotte«. Peter, Zweiter Detektiv, denkt daraufhin, sein Detektivfreund stottere, dabei greift Bob hier, historisch akkurat, auf einen Begriff zurück, mit dem die Männerwelt im Spätbarock Frauen beschrieb, die sie als verstörend betörend empfand. Ein bisschen abseitige Bildung gibt es bei *Die drei ???* gerne obendrauf. Das haben die deutschen Kollegen von *TKKG* in der Regel nicht zu bieten.

Für mich als Neunjährigen wirkt diese Welt, die sich in *Der Zauberspiegel*, aber auch in vielen anderen Folgen innerhalb weniger Minuten eröffnet, unglaublich faszinierend. Das ist *California Dreamin'* im Kinderzimmer!

Die Geschichte vom *Zauberspiegel* entwickelt sich von dort aus schnell weiter: Es gibt einen Einbrecher, der aber nichts gestohlen hat. Eine Villa mit Geheimgängen. Einen schweren Spiegel mit Stahlrahmen, auf dem ein Fluch liegt und der Geister erscheinen lässt. Einen Mann spanischer Herkunft, der diesen Spiegel unbedingt haben will. Ob dieser Mann hinter dem Einbruch steckt? Er behauptet, nichts davon zu wissen. Aber dann verrät er sich …

»Aber ein Mann, ein kleiner Mann kann den Spiegel nicht wegtragen …« Wir sind zurück in meinem Kinderzimmer, wo ich das Hörspiel nach der kurzen Pause wieder starte. In den folgenden Minuten ziehen mich zwei Stellen besonders in den Bann. Da ist einmal die dunkle Gewitternacht, in der Justus, der Erste Detektiv, und Jeff, ein Enkel der Rokokokokotte, dem Spiegelspuk auf den Grund gehen. Es handelt sich hier um eine echte Hitchcock-Suspense-Szene, die mir Anfang 1984 ziemlich an die Nieren geht. Zunächst scheint es, als sei der Geistermoment nur von kurzer Dauer. Plötzlich jedoch sorgt ein Blitzschlag für einen Stromausfall, der Spuk spitzt sich zu. Nein, nachts, im Dunkeln, werde ich mir diese Folge erst einmal nicht anhören …

Im Verlauf des Falls hält Bob ein kurzes Referat über Ruffino, womit nicht die italienische Weindynastie gemeint ist, sondern ein fiktiver Kleinststaat, gelegen vor der Küste Südamerikas. Wie aus dem Nichts erhält diese Spukgeschichte vom *Zauberspiegel* einen Spin in Richtung Politthriller: Bob trägt vor, auf der Insel gebe es zwei konkurrierende Präsidentschaftskandidaten, die sich gegenseitig Korruption, Unterschlagung und andere schmutzige Geschäfte vorwerfen. Die Story ist recht kompliziert, die Auflösung verwirrend und überraschend. Logik spielt dabei eine untergeordnete Rolle, viel interessanter wirkt es auf mich, dass sich im kleinen Universum von *Die drei ???* das Schicksal einer Nation entscheidet, und sei sie noch so klein. Neben den Gruselszenen sind mir diese fiktiven Staats-, Stadt- oder Wohnviertelkonstruktionen die liebsten Momente der Serie. Sie erinnern mich an meinen Umgang mit der Stecktabelle des *Kicker*-Magazins: Alle Clubs der ersten und zweiten Liga sind dabei, doch stecke ich ihre Vereinswappen dorthin, wo ich sie stehen haben will.

Auch der Ort Rocky Beach, die Heimat der drei ???, ist eine solche Konstruktion. Eine fiktive Stadt in Kalifornien – die es nicht gibt, die es aber geben könnte. Von dort aus verschlägt es die Detektive an seltsame Orte, in die schwedische Kolonie Magnusstad in der Folge von der *Silbernen Spinne*, in die Parallelwelt von San Franciscos Chinatown in *Der grüne Geist*, in einen Wohnkomplex rund um einen Swimmingpool in der Hitchcock-mäßigen »Wer hat's getan?«-Story *Der Karpatenhund*, an den Versammlungsort der politisierten Terrorsekte *Mesa d'Oro* in *Das Narbengesicht*, nach Nanda, einer fiktiven britischen Kolonie in Südafrika, in dem sich weiße Extremisten und eine schwarze Untergrundorganisation gegenüberstehen, in der Folge *Der Doppelgänger* – und in der Geschichte vom *Unsichtbaren Gegner* sogar einmal quer durch die USA, bis nach New York. Die Reisen zu diesen besonderen Orten sind ein attraktives Angebot. Wer mit den drei ??? unterwegs ist, bekommt eine Menge mit von der Welt.

Zweitens, Mitte 20

Meine Nostalgie wird von einem Sensationsfund im Keller des Jugendzentrums befeuert, in dem ich Ende der 1990er Jahre als Honorarkraft arbeite, um mir mein Studium zu finanzieren. Ich sei doch Musikfan, sagt die Leiterin, da unten stünden massenhaft alte Platten herum, Relikte der Jugendzentrumpartys in den 1980er Jahren, die könne ich haben, wobei man erst einmal schauen müsse, ob die überhaupt noch brauchbar seien.

Sind sie. Von jetzt auf gleich bin ich Besitzer hunderter Singles und Maxisingles aus den 80ern. Meine alten Kinderzimmerhelden Duran Duran und Paul Young sind auch dabei. Der Fund überwältigt mich so sehr, dass ich meinen besten Musikfreund bitte, diese Kellersammlung zusammen mit mir zu sichten und untereinander aufzuteilen. Geteilte Freude ist doppelte Freude.

In den kommenden Tagen treffen wir uns regelmäßig, um die Platten zu hören. Egal was läuft, immer springt sofort die Erinnerung an. Wir hören die Singles »West End Girls« von den Pet Shop Boys oder »The Promise You Made« von Cock Robin – und sofort kommen die Gerüche und Geschmäcke von damals zurück. Die Mode und die Inneneinrichtungen erscheinen vor dem geistigen Auge, die kruden Ansichten des Geschichtslehrers rufen sich ins Gedächtnis, das miese Sommerwetter an der Nordseeküste, der Geruch in den Raucherabteilen der Interregiozüge mit ihren schweren und kaum zu öffnenden Türen, die Kinderzimmer der Schulfreunde mit ihren bollernden Heizungen, blubbernden Aquarien, Commodore-64-Computern und Kassettenrekordern, auf denen wir Musik abspielen, die wir aus dem Radio aufnehmen, und natürlich Hörspielen lauschen, am liebsten denen der *Die drei ???*.

Es ist das Jahr 1998, ich studiere in der nächstgroßen Stadt, wohne in einer WG. Meine erste Phase als kindlicher Hörer habe ich 1986 mit der Folge *Der Unsichtbare Gegner* beendet, einer tollen Spionagegeschichte, in der Hörspielfassung mit Wolfang Völz, bekannt als *Käpt'n Blaubär*, in der Rolle des schrulligen Großvaters von Peter Shaw. Jetzt, Ende der 1990er Jahre, bringt mich der von den alten Platten ausgelöste Nostalgieflash mit voller Wucht zu den drei Detektiven zurück. Bei einem Besuch im Elektrofachmarkt stelle ich fest, dass es die Serie weiterhin gibt. Mehr noch, sie erlebt offensichtlich eine Renaissance. Meine ersten Zugänge ins World Wide Web führen mich zu Foren, in denen sich Fans über ihre Lieblingsfolgen austauschen. Keine Kinder, sondern halbwegs erwachsene Leute, so wie ich. User mit Pseudonymen wie Java-Jim, Mr. Claudius, Hilfssheriff Lopez, Mrs. Boogle oder Khan, der Kraftmensch (alles Namen aus den alten Folgen, ich erinnere mich sofort daran) schreiben davon, dass die Storys der neuen Folgen nicht mehr von amerikanischen, sondern von deutschen Autoren stammten, viele davon seien sehr gut, deutlich besser als das, was die US-Leute am Ende verzapft hätten.

Meine Neugier ist geweckt – und ich bin damit kein Einzelfall. Im Elektrofachmarkt gibt es zunächst nur einzelne Folgen zu kaufen, versteckt im Kindersortiment zwischen den Hörspielen von *Benjamin Blümchen* und *Bibi Blocksberg*, den Kinderliedern von Detlev Jöcker und Rolf Zuckowski. Doch das Angebot wächst, schon bald erhält die Serie ein eigenes Fach, bestückt vor allem mit den neuen Geschichten ab Folge 75 auf Kassette oder CD: *Die Spur des Raben*, *Das Brennende Schwert*, *Das leere Grab*, *Geheimakte Ufo* – ich hole sie mir alle. Eine Umfrage aus dieser Zeit, die durch die Medien geht, zeigt, dass das Durchschnittsalter derjenigen, die sich *Die drei ???* auf Kasset-

Die drei ??? und die Popkultur

Es gibt mehrere deutsche Acts, die sich einen Namen aus dem Universum der *Die drei ???* gegeben haben. Der Elektronikmusiker Phillip Sollmann lässt sich bei seinem Pseudonym Efdemin vom Namen des Bösewichts aus der Folge *Flammende Spur* (20) inspirieren, Mihai Eftimin. Jupiter Jones wählen den US-Originalnamen des Ersten Detektivs, die Gruppe aus der Eifel beginnt Anfang der 2000er Jahre als Punkband, landet mit der Ballade »Still« 2011 einen großen Radiohit, löst sich 2018 auf und findet 2021 neu zusammen. In der zweiten Hälfte der 2000er Jahre ist die Kölner Indie-Band Karpatenhund aktiv, Sängerin ist die heutige Pro-Sieben-Moderatorin Claire Oelkers.

Die Reihe ist nach ihrem Tief in den späten 1980er und frühen bis mittleren 1990er Jahren noch längst nicht so beliebt wie heute, da helfen die norddeutschen Rapper Fettes Brot, sie cool zu machen: Im Fall *Stimmen aus dem Nichts* (76) aus dem Jahr 1997 haben sie einen kleinen Gastauftritt als Anrufbeantworterbesprecher, ein Jahr später gewinnt Autor und Europa-Skriptschreiber André Minninger die Band als vollwertige Sprecher. In der Folge *Im Bann des Voodoo* (79) spielen sie: ein Hip-Hop-Trio. Für mich ist das der Beweis, dass meine Rückkehr zu *Die drei ???* kein Nostalgietrip ist, sondern ein popkultureller Move.

te oder CD kaufen, 24 Jahre beträgt. Die Kassettenkinder sind erwachsen geworden. Aber sie bleiben ihren alten Helden treu.

An einem Wochenende fahre ich ins elterliche Haus, um aus dem Keller die alten Kassetten von früher zu retten. Einige habe ich auf Flohmärkten verkauft, für viel zu wenig Geld, wie ich merke, wenn ich mir die aktuellen Kurse auf E-Bay angucke, dem Ende der 1990er Jahre noch neuen Onlinemarktplatz. Das Dutzend alter Folgen, das ich noch habe, hüte ich ab jetzt wie einen Schatz. Auf vielen Partys in dieser Zeit sind *Die drei ???* ein noch besseres Gesprächsthema als Fußball oder Popmusik. Die beste Folge aller Zeiten? Die übelste Umsetzung eines Buches als Hörspiel? Der smarteste Verbrecher in der Welt der drei Detektive? Wir diskutieren leidenschaftlich, holen uns Tickets für die vielen *Die drei ???*-Events, die ab Anfang der 2000er Jahre zu sehen sind. Das Wuppertaler Vollplaybacktheater inszeniert eine Reihe von Folgen der Serie als Mischung aus Persiflage und Hommage; in Hamburg locken die Originalsprecher Oliver Rohrbeck, Jens Wawrczeck und Andreas Fröhlich mit der Live-Inszenierung der 25 Jahre alten allerersten Hörspielfolge *Der Super-Papagei* mehr als 12 000 Menschen in die große Arena, gleich neben dem Fußballstadion, wo der HSV damals noch recht erfolgreich in der Bundesliga spielt. *Die drei ???* sind nicht nur Retrokult – sie sind auch Pop. Für die Tageszeitung, bei der ich als Journalist volontiere, besuche ich den Autor André Marx; das Porträt über ihn ist mein erster ganzseitiger Text in der Wochenendbeilage. Ich beschäftige mich nun beruflich mit *Die drei ???* – aber ich höre sie auch noch. Wenn auch anders als früher.

Als Kind habe ich den Folgen bei jeder Gelegenheit gelauscht. Jetzt, in der zweiten Phase als junger Erwachsener, sind die Geschichten von Justus, Peter und Bob meine Einschlafhilfe. Mit Mitte 20 beginnt das Leben eigenständiger und komplizierter zu werden. Studium, Nebenjobs, Ausbildung, Beziehungen – dazu der ganze Alltagskram, der zu erledigen ist. Abends gesellt sich zur Müdigkeit eine gewisse Anspannung dazu. Als Kind will man nicht schlafen, weil man Angst hat, etwas zu verpassen. Als junger Erwachsener merkt man, wie es sich anfühlt, keine Ruhe zu finden.

Die Stimmen aus den *Die drei ???*-Hörspielen sind das perfekte Mittel gegen diese Anspannung. Fast alle zentralen Figuren werden auch weiterhin von den Leuten gesprochen, die das bereits früher getan haben. Die drei Männer mit den scheinbar auf ewig jugendlichen Stimmen – Oliver Rohrbeck, Jens Wawrczeck und Andreas Fröhlich – geben weiterhin die Juniordetektive, Andreas von der Meden ist als Chauffeur Morton sowie Skinny Norris unterwegs, Andreas E. Beurmann, Co-Gründer des Europa-Labels und Ehemann der verantwortlichen Regisseurin Heikedine Körting, gibt den Titus Jonas (unter dem Pseudonym Hans Meinhardt). Gewechselt hat der Erzähler, Matthias Fuchs übernimmt im Verlauf der 1990er Jahre von Peter Pasetti, der 1996 verstirbt. Statt Horst Frank als Kommissar Samuel Reynolds ist nun Holger Mahlich als Inspektor Cotta für die Juniordetektive der Ansprechpartner bei der Polizei. Aber diese Änderungen mindern das Vergnügen nicht. Ob bei den neuen oder alten Folgen: Das Wiederhören mit *Die drei ???* sorgt für den gleichen Nostalgieeffekt wie das Abspielen der alten Pet-Shop-Boys- oder Cock-Robin-Singles aus den 1980er Jahren. Es ist die Rückkehr in eine wohlbehütete Kinderzimmerwelt – und eignet sich deshalb perfekt zum Einschlafen.

Wenn da nicht der *Poltergeist* wäre. Hörspielfolge 73, geschrieben von André Marx, der sehr genau weiß, welche Erwartungen er mit seiner an den gleichnamigen Horrorfilm angelehnten Titelwahl weckt. Im Haus einer alten Dame – viele der besten Folgen spielen in Häusern von alten Damen – klopft es, Teller fliegen durch die Luft, Möbel verrücken sich scheinbar selbständig. Es ist ein perfekt inszenierter Spuk, der dazu führt, dass ich beim spätabendlichen Hören besser mal das Licht anknipse. Mit Mitte 20. Bei einem Hörspiel für Kinder. Ich habe *Der Exorzist* (1973) und *Rosemaries Baby* (1968) gesehen, ich verschlinge die Bücher von Stephen King und freue mich wie Bolle auf *The Blair Witch Project*, ein Film, der zwar erst im nächsten Jahr in die Kinos kommt, um den aber schon jetzt ein großer Hype veranstaltet wird. Aber jetzt, bei dieser *Die drei ???*-Folge, knipse ich lieber das Licht an, um ganz sicher zu gehen, dass der *Poltergeist* dort bleibt, wo er hingehört – im Haus der undurchsichtigen Klientin der drei ???, Lydia Cartier.

Drittens, Anfang 40

Womit anfangen? Chronologisch nach den deutschen Buchveröffentlichungen, also mit dem *Gespensterschloss*? Oder mit der Hörspielfolge eins, *Der Super-Papagei*? Auch der Start mit einer persönlichen Lieblingsfolge wäre eine Möglichkeit, einer Rätselgeschichte wie *Die gefährliche Erbschaft* oder der mysteriösen Story vom *Lachenden Schatten*. Sinnvoll könnte es auch sein, mit einer der neueren Folgen zu beginnen, die sich zeitgemäßen Themen widmen, dem *Vampir im Internet* oder dem *Gefährlichen Quiz*. Sogar die bei echten Fans absolut unbeliebten, aber leicht zugänglichen Fußballfolgen sind eine Option: *Fußball-Gangster, Fußballfieber, Fußball-Falle, Fußballphantom, Fußball-Teufel* – die Auswahl ist groß.

Womit also anfangen? Welche Folge von *Die drei ???* spielt man dem eigenen Kind als erste vor? Die Wahl fällt schließlich auf den *Rasenden Löwen*, Folge 15, aus dem Jahr 1980. Ein Klassiker, alte Fans können den Code, der im Verlauf der Story eine große Rolle spielt, im Schlaf aufsagen: »DOX COX PIX EX REX BOX«. Wobei Sprecher Karl-Ulrich Meves bei »Code« das »e« mitspricht, einer von vielen legendären (Ver-)Sprechermomenten der Serie. Warum diese Folge meiner Ansicht nach gut zum Einstieg taugt: *Der Rasende Löwe* ist spannend, aber nicht besonders gruselig. Das ist gut, denn schließlich soll die Fahrt in den Familienurlaub entspannt bleiben.

Als Vater höre ich heute die alten Folgen der Reihe noch einmal ganz anders. Ich freue mich auf die Momente, die ich aus meiner Kindheit noch in bester Erinnerung habe – und bin ein bisschen enttäuscht, wenn die Kinder diese weder als lustig noch als gruselig empfinden. »Wie, du erschrickst dich nicht, wenn der Tanzende Teufel herumdonnert oder der Lachende Schatten gackert? Und du findest es nicht lustig, dass wegen eines Schnittfehlers die Aussage von Java-Jim völlig unverständlich ist, als in *Der Phantomsee* ein Malayenkris aus der geöffneten Truhe herausschnellt? Und sowieso, willst du gar nicht wissen, was eigentlich ein Malayenkris ist?« Was ich dann erfahre: Die Kinder wissen es längst. Ein Freund hat es ihnen erzählt. Dieser hatte es gegoogelt.

Interessant wird das Hören zusammen mit den eigenen Kindern bei Stellen, die damals höchstens ein bisschen skurril wirkten, heute dagegen vollkommen zu Recht zu Diskussionen und Ablehnung führen. Zum Beispiel, wenn Sprecher insbesondere in den alten Folgen in der Rolle von Personen asiatischer oder lateinamerikanischer Herkunft jedes noch so dämliche Sprachstereotyp bedienen. Oder wenn Peter und Bob mal wieder offensichtliches Bodyshaming mit Justus Jonas betreiben – was sie in so ziemlich jeder Folge tun, auch in den neueren. Früher war das ein Running Gag. Heute empfinde ich das als bedenklich und unnötig. Und meine Kinder einfach nur als doof.

Ein großer Unterschied zu früher ist auch die Art und Weise, wie wir als Familie die Folgen hören. In den 80ern muss man sich die Kassetten, LPs oder CDs kaufen oder bei Freunden oder in der Stadtbücherei ausleihen – wo sie, weil sehr beliebt, häufig vergriffen sind. Das Ziel, alle bereits veröffentlichten Folgen zu hören, ist damals kaum zu erreichen. Ich kenne als Junge nur einen Freund, der alle Folgen besitzt, wobei der zusammen mit zwei Brüdern sammelt, das ist Wettbewerbsverzerrung. Seit 2016 befinden sich die Fälle jedoch im Angebot vieler Streamingservices, so dass Kinder heute mit einem Schlag über alle Folgen verfügen. Dadurch ändert sich das Hörverhalten: Langweilige Storys wie die von der *Verschwundenen Seglerin* werden abgebrochen – was mir früher niemals passiert wäre. Sowieso hinterfragen Kinder heute deutlich mehr Stellen in den Geschichten, als ich es damals getan habe. Als Kind sind für mich die drei ??? in allem, was sie tun und sagen, unangreifbar. Und wenn es diesen drei Jungen in der Folge vom *Super-Wal* gelingt, eigenhändig am Strand ein Loch zu buddeln, in dem ein Wal mehrere Stunden lang überleben kann, ohne dass klar wird, wie überhaupt das Wasser ins Loch gekommen ist – dann ist das eben so. Bei *Pippi Langstrumpf* fragt ja auch niemand nach, wie es denn sein kann, dass ein Mädchen ein ganzes Pferd hochhebt.

Die junge Hörgeneration ist nicht so leichtgläubig. Sie fragt skeptisch nach, wie es möglich sein soll, dass es in *Die flammende Spur* eine Tür gibt, die sich von außen ohne Schlüssel öffnen lässt – von innen jedoch nicht. Sie findet es doof, dass in der Geschichte vom *Schwarzen Monster* zunächst alles dafür getan wird auszuklammern, dass es sich bei der Erscheinung um einen großen dressierten Affen oder einen verkleideten Menschen handelt – am Ende aber sogar beides der Fall ist. Und

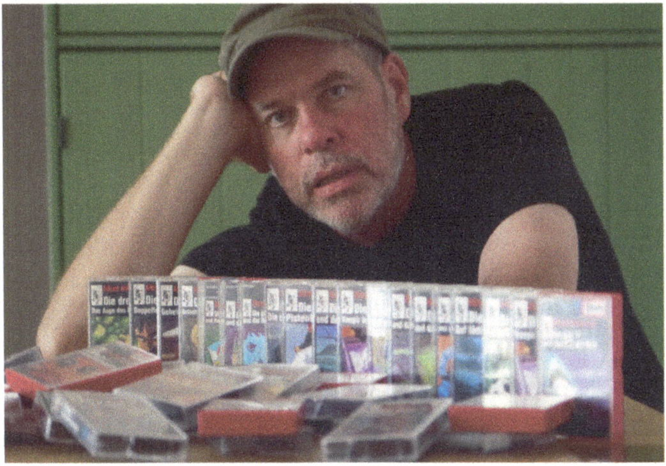

Ein Leben mit *Die drei ???* – der Autor und seine Hörspielsammlung 2022

sie versteht auch nicht, warum einige der Verbrecher ein solches Brimborium veranstalten, indem sie Mumien flüstern oder Teufel tanzen lassen, wenn sie am Ende dann doch die begehrten Dinge einfach stehlen. »Das hätten sie auch einfacher haben können«, sagen die Kinder. »Ja, aber dann wäre es nicht so spannend«, entgegne ich. Und habe natürlich recht.

Erstens, zweitens, drittens – Urängste

Eine Autofahrt zurück von einem Grillfest mit der Familie, es wird langsam dunkel draußen. An Bord: Vater, Nichte, Kind. Anfang 40, Mitte 20, fast 10. Es läuft die *Hexenhandy*-Folge, eine abgedrehte Story über undurchsichtige Marketingkampagnen aus der Klingeltonbranche, die Anfang des Jahrtausends, als der Fall erscheint, mit aggressiver Werbung sehr große Umsätze erzielt. Als Sprecher dabei: Bastian Pastewka, Edelfan der Serie sowie großer *Die drei ???*-Experte, und Amanda Lear, Discoqueen der 1970er Jahre, zu hören in der Rolle der Monique Carrera. In der Folge wird ein Junge entführt und im dunklen Wald in einem Käfig ausgesetzt; eine Hexe tritt auf, Handys senden Elektroschocks, der Junge erzählt davon, wie es ist, ganz allein in einem Käfig im dunklen Wald aufzuwachen. Auf dem Höhepunkt des – zumindest in der ersten Hälfte – sehr gruseligen Falls fährt der Vater auf Bitte des Kindes kurz rechts ran und schaltet die Innenbeleuchtung im Auto an. Die Nichte hat nichts dagegen. Und der Vater auch nicht. Für einen Moment fließen generationsübergreifend die Schockererfahrungen zusammen: Hitchcock-Filme, *The Blair Witch Project*, *Hänsel und Gretel* – dazu alle Urängste vor dunklen Wäldern, Hexen und Käfigen, in denen man ganz allein aufwacht.

Am Ende dieses Hörspiels lachen die drei ??? übrigens nicht auf, wie sie es am Schluss der Hörspiele sehr häufig tun. Stattdessen lacht am Ende die ehemalige Discoqueen Amanda Lear als Monique Carrera – und zwar nach ihrer Andeutung, als Kind auf einem Jungeninternat gewesen zu sein. »Hä, die ist doch eine Frau?«, sagt das Kind. Für den Vater kommt der folgende Kurzvortrag über das popkulturelle Thema der Transgender-Identität von Amanda Lear genau zur richtigen Zeit. Die Urängste sind weg. Die Fahrt kann weitergehen.

The Three Investigators – das amerikanische Original

Ein Vielschreiber kopiert die »Hardy Boys«, ein Meisterregisseur verdient leichtes Geld, in Bangladesch geht die Serie durch die Decke.

Die drei ??? sind keine deutsche Erfindung. Die Idee, die ersten neun Originalbücher sowie das elfte vom *Sprechenden Totenkopf* stammen vom Amerikaner Robert Arthur, als Schriftsteller ein Serientäter. Bereits 38 Jahre vor dem Premierenabenteuer der von ihm erfundenen *The Three Investigators* veröffentlicht Arthur im Jahrbuch seiner Highschool erste Geschichten. Es folgen viele hunderte weitere Storys, die er für *Pulp*-Magazine schreibt, in den USA sind dies die grellen Nachfolger der Groschenromane, in denen Fließbandschreiber wie Arthur gute Chancen finden, ihre Storys zu veröffentlichen.

Vielschreiber aus Hollywood

In den 1940er Jahren ist Robert Arthur im Radio als Drehbuchautor für Hörspiele tätig, 1959 zieht er nach Hollywood, um sich dort als Skriptschreiber beim Fernsehen zu versuchen.

Zwar gelingt ihm der große Durchbruch nicht, doch knüpft er dort einen wichtigen Kontakt: Arthur schreibt für die Fernsehserie *Alfred Hitchcock Presents*, eine vom Meisterregisseur präsentierte Anthologie von Kurzkrimis und Rätselfällen. Hitchcock ist zu dieser Zeit sehr daran interessiert, seinen guten Namen mit Franchise-Ideen weiterzuvermarkten. Als Robert Arthur ihm vorschlägt, beim Verlag Random House von Hitchcock präsentierte Sammlungen mit Kurzkrimis zu veröffentlichten, sagt dieser zu. Noch besser gefällt ihm die Idee, Geschichten für eine junge Leserschaft zu bündeln. Hitchcock hat bereits Erfahrung mit dieser Zielgruppe gesammelt, als er 1962 für die Hörspiel-LP *Ghost Stories for Young People* die Rolle des Sprechers übernimmt. Bei diesen Jugendkrimis will er zwar weder als Sprecher einer Hörfassung noch als Autor tätig werden, stimmt aber zu, dass Random House seinen Namen als Präsentator im Titel nennen darf. Warum auch nicht? Die Bücher stärken nicht nur die Marke Hitchcock, sie bringen auch leicht verdientes Geld in die Kasse des Regisseurs.

Robert Arthur verfasst zunächst eine Reihe von Kurzgeschichten für junge Leser, die er in Sammelbänden wie *Alfred Hitchcock's Ghostly Gallery* oder *Alfred Hitchcock's Spellbinders in Suspense* zusammenfasst. Schon länger hat er die Idee im Hinterkopf, eine eigene Serie zu entwickeln. Die Vorbilder dafür: zwei fiktive Jungdetektive von der Ostküste der USA namens Frank und Joe Hardy.

Ohne *The Hardy Boys* keine *Die drei ???*: Robert Arthur macht kein Hehl daraus, dass er sich bei seiner Reihe vom Erfolg der Serie um die beiden Detektivbrüder stark inspirieren lässt. Die beiden Söhne eines Privatermittlers lösen für eine junge Leserschaft bereits seit 1927 Fälle; das erste Buch *The Tower Treasure* zählt zu den weltweit bestverkauften Jugendbüchern. In einem Interview mit der Fanseite *rocky-beach.com*, das im Internet im englischen Original und in einer Übersetzung vorliegt, auf die ich mich hier beziehe, bestätigt Robert Arthurs Tochter Elizabeth, ihr Vater habe das Ziel gehabt, eine Konkurrenzreihe zu den *Hardy Boys* zu entwickeln. Lösen diese ihre Fälle in einem erfundenen Städtchen am Atlantik namens Bayport, verlegt Arthur sein junges Ermittlerteam an den Pazifik, in den fiktiven Küstenort Rocky Beach.

Er nennt sie *The Three Investigators*, gibt ihnen die Namen Jupiter Jones, Peter Crenshaw und Robert »Bob« Andrews, wobei der dritte Detektiv dem Erfinder nicht nur des Namens wegen besonders nahekommt: Auch Robert Arthur sieht sich als jemand, der seine Stärken im Bereich Recherchen und Archiv hat – und nicht, wie Jupiter Jones, im Knacken härtester Rätsel, und schon gar nicht, wie Peter Crenshaw, im athletischen Bereich.

Mysteriöse Figuren, seltsames Ambiente

Der Denker, der Sportliche, die Spürnase – damit ist das Setting gesetzt. Ab 1964 schreibt Robert Arthur pro Jahr zwei Bücher der Reihe. *The Three Investigators* finden weltweit eine große Leserschaft, die Ähnlichkeiten zu den *Hardy Boys*, aber auch zu Enid Blytons in England angesiedeltem *The Famous Five*, auf Deutsch *Fünf Freunde*, helfen bei der Markteinführung. In all diesen Serien führen die Abenteuer auf verlassene Inseln und zu abgelegenen Felsen; es geht um alte Piraten und zwielichtige Männer aus anderen Ländern – rassistische Stereotype sind keine Seltenheit. Der größte Unterschied zwischen *The Three Investigators* und den beiden *Hardy Boys*:

Während die Brüder als Detektivsöhne aus einer wohlhabenden Familie aus der gehobenen Mittelschicht der Ostküste stammen, ist der Background der Juniordetektive aus Rocky Beach vielfältiger. Vor allem der familiäre Hintergrund des ersten Detektivs Jupiter Jones unterscheidet sich deutlich von den herkömmlichen Helden der Jugendkultur in den 1960er Jahren, wie Elizabeth Arthur im oben genannten Interview feststellt: Vater und Mutter von Jupiter Jones seien verstorben, er lebe bei seiner Tante und seinem Onkel.

> Und ich mag, dass seine verstorbenen Eltern mysteriöse Figuren bleiben, in die man alles hineinlesen kann, und dass er zusammen mit seiner Tante und seinem Onkel auf einem Schrottplatz lebt […]. Für mich ist das der eigentliche geniale Einfall: Welchen besseren Ort für das Hauptquartier eines investigativen Unternehmens von Heranwachsenden könnte es geben als einen Schrottplatz?

Wer übrigens ein gut erhaltenes Exemplar der ersten Originalausgabe der *The Three Investigators*-Serie aus den 1960er Jahren auf dem Dachboden findet, darf sich freuen: 60 bis 80 Euro bringen diese Bücher in den Antiquariaten.

Übersetzt werden Robert Arthurs Bücher auch ins Spanische und Portugiesische, Italienische und Französische. Die Reihe erscheint auch in Indien und Indonesien, Dänemark und Finnland, Pakistan und Vietnam. Besonders erfolgreich sind die Bücher aber in zwei Nationen: in Deutschland, klar, aber auch in … Bangladesch! Seit 1985 erscheinen die Bücher dort unter dem Namen *Tin Goyenda* und erreichen ein riesengroßes Publikum. Noch mehr als in der deutschen Übersetzung wurden die Namen für diesen Markt an die Landessprache an-

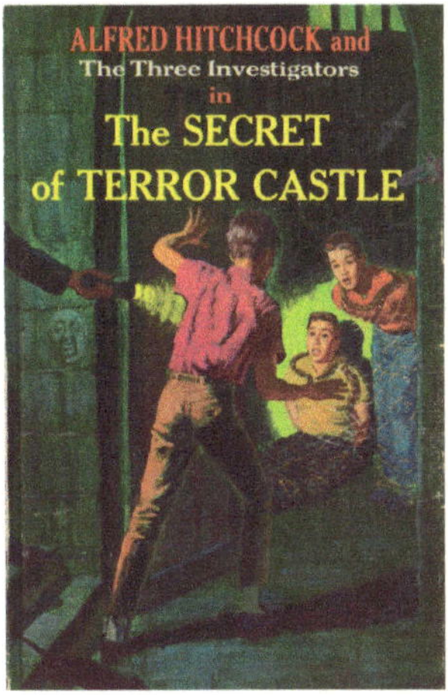

The Three Investigators in The Secret of Terror Castle in der US-amerikanischen Ausgabe von 1964

gepasst: Der erste Detektiv heißt Kishore Pasha, der zweite Musa Aman, der dritte Robin Milford. Der Polizeichef von Rocky Beach trägt den Namen Ian Fletcher, der Erzfeind der drei heißt nicht Skinny Norris, sondern Terrier Doyle.

Bis 1968 schreibt Robert Arthur allein an der Serie, erst als sich sein Gesundheitszustand verschlechtert, holt er sich Unterstützung. Der Autor Dennis Lynds denkt sich unter dem Pseudonym William Arden den Fall *The Mystery of the Moaning Cave* (deutscher Titel: *Der Teufelsberg*) aus – Arthur lobt die Story mit den Worten, sie gefalle ihm so gut, dass sie auch von ihm hätte stammen können. An *Mystery of the Talking Skull* (*Der Sprechende Totenkopf*) schreibt Arthur zusammen mit der Kollegin Jenny Fanelli. Nach Arthurs Tod im Mai 1969 zählen William Arden, Jenny Fanelli und M. V. Carvey zu den Hauptautoren der Serie. Es gelingt ihnen, Arthurs Idee erfolg-

Sherlock Jonas

Robert Arthur spart in seinen Detektivabenteuern über die Three Investigators nicht mit Verweisen auf eines seiner literarischen Vorbilder: Arthur Conan Doyle (1859–1930) und dessen Erzählungen und Romanen über Sherlock Holmes. So trägt einer der Papageien aus dem Fall *Der Super-Papagei* den Namen des genialen Meisterdetektivs; der Name der Londoner Straße, in der Holmes wohnt, wird ebenfalls genannt: Die Baker Street ist in dieser Folge die Adresse des Friedhofs, auf dem der Showdown stattfindet. Bei einer anderen Folge lässt sich Arthur direkt von einer Holmes-Geschichte inspirieren: Bei der Story *Die sechs Napoleons* geht es wie auch im *Die drei ???*-Fall *Fluch des Rubins* um Büsten, die als Versteck genutzt werden.

Am deutlichsten wird der Doyle-Einfluss, wenn man in den *Die drei ???*-Büchern und -Hörspielen die Monologe von Justus mit denen von Holmes vergleicht. Beide besitzen die Eigenschaft, mit ihren logischen Schlussfolgerungen nur häppchenweise rauszurücken und damit ihre intellektuelle

reich fortzusetzen. Wobei es in den USA nie zur Diskussion steht, *The Three Investigators* als Hörspiele zu adaptieren. Die Mediengattung spielt dort keine große Rolle mehr. Hörspiele in englischer Sprache existieren lediglich zwei, *The Secret of Terror Castle* und *The Mystery of the Stuttering Parrot* kommen 1984 als Kassetten bei einem britischen Label auf den Markt, weitere Folgen werden nicht produziert, weil es auch in Großbritannien kaum noch eine Hörspielkultur gibt.

Überlegenheit so zu inszenieren, dass die jeweils anderen möglichst dumm danebenstehen und nur Bahnhof verstehen. Die erstaunten Reaktionen der anderen werden dann so gekontert, dass die jeweils eigene Denkleistung als nichts Besonderes dargestellt wird, schließlich gehe es nur darum, genau hinzuschauen und aus dem Gesehenen die richtigen Schlüsse zu ziehen. Die Haltung dahinter: das Genie ist normal – die anderen sind blöd.

Interessant ist, dass Robert Arthur die Merkmale von Holmes' Begleiter und Chronisten Dr. Watson (wie sein Schöpfer Arthur Conan Doyle ein Mediziner) bei *The Three Investigators* auf zwei Figuren verteilt hat: Während Peter als Zweiter Detektiv die Rolle des Kollegen spielt, der staunt, warnt und viele Fragen stellt, obliegt Bob die Chronistenpflicht. Arthur soll sogar Pläne gehabt haben, die Geschichten aus Sicht des für Recherche und Archiv verantwortlichen dritten Detektivs zu schreiben. 2002 nimmt der Autor André Marx diese frühe Grundidee noch einmal auf: Die Folge *Der Nebelberg* wird aus der Perspektive des dritten Detektivs erzählt, auf Grundlage seiner Tagebuchaufzeichnungen.

Rettungsversuche in der Krise

Mitte der 1980er Jahre gerät die Buchreihe in den USA ins Taumeln, qualitativ wie kommerziell. Der Verlag schätzt, der Abschwung habe etwas damit zu tun, dass die modernen Kids mehr Action wollten – die Rätsel- und Gruselfälle wirkten zu behäbig. Neuen Schwung soll zunächst das Prinzip der *Find Your Fate Mysteries* bringen, bei denen die Leser wie in einem

Spiel selbst Entscheidungen treffen und damit den Gang der Geschichte beeinflussen. Der deutsche Verlag übernimmt diese Innovation jedoch nicht, die ersten beiden Fälle über den *Weinenden Sarg* sowie *Das Volk der Winde* erscheinen in Deutschland konventionell erzählt – und fallen bei den Fans durch. Zwei weitere Fälle dieser Art werden in Deutschland gar nicht offiziell veröffentlicht. Weil auch in den USA der große Umschwung ausbleibt, versucht es Random House nun mit den *Crimebusters*-Fällen, die im Setting an den Stellschrauben drehen: Die drei Detektive sind nun rund zwei Jahre älter, besitzen einen Führerschein und haben Freundinnen an ihrer Seite. Auch sind die Fälle anders gelagert. Statt um überirdische Geheimnisse geht es nun um irdische und oftmals härtere Verbrechen in Bereichen wie dem Sport, den Medien oder der Techbranche. Während für den US-Markt auch die Titelgebung angepasst wird und diese den Namen von Actionfilmen ähneln (*Hot Wheels, Rough Stuff, Long Shot* oder *Fatal Error*), wollen der deutsche Verlag und das Hörspiellabel Europa die noch immer stattliche Zahl der Serienfans nicht weiter verschrecken und versuchen daher, einen nahtlosen Übergang zu gestalten. Was schwierig ist, weil die Folgen für den deutschen Markt nicht nur alberne (*Der giftige Gockel*) oder nichtssagende (*Gefahr in Verzug*) Titel tragen, sondern Storys bieten, die nicht das Niveau der Klassiker erreichen. Dennoch: Es gibt sie, die Fans der *Crimebusters*-Ära, einer Phase, der man zugutehalten kann, dass sie Abwechslung in die Mysterywelt von *Die drei ???* bringt: Statt mit Geistererscheinungen, die sich im Finale einfach erklären lassen, befassen sich die drei ??? hier mit Verbrechen, die mit sehr irdischen Methoden begangen werden.

1990 wird die Reihe in Amerika schließlich eingestellt. Mehr als ein Vierteljahrhundert haben sich *The Three Investi-*

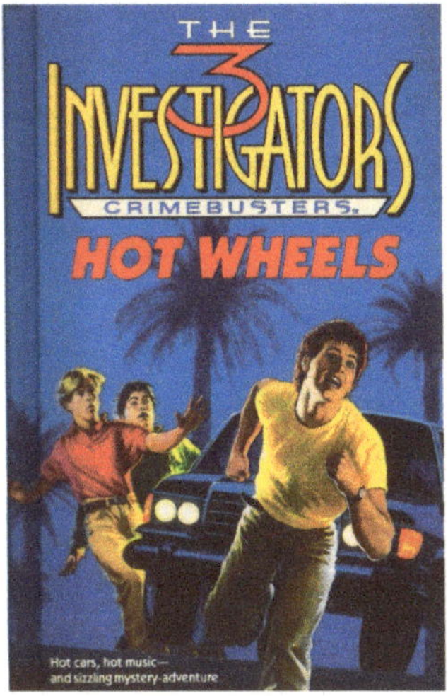

»Hot Cars, hot music – and sizzling mystery-adventure«: der *Crimebusters*-Fall *Hot Wheels* von William Arden aus dem Jahr 1989 wirbt für sich, als handele es sich um einen Actionfilm. In Deutschland erscheint der Band unter dem Titel *Die Automafia*.

gators auf dem amerikanischen Buchmarkt halten können. Dann gehen die drei Juniordetektive in den USA 1990 in den einen frühen Ruhestand. Dass für die deutschen drei ??? die größten Erfolge erst noch kommen werden, das ahnt 1990 niemand.

Wo liegt eigentlich Rocky Beach?

Wer in die englische Grafschaft Dorset reist, im Südwesten der Insel gelegen, findet dort die Landschaft, in der die Geschichten von Enid Blytons *Fünf Freunde* spielen: Steilküsten und Höhlen, Heidelandschaften und Moore, Leuchttürme und vorgelagerte Inseln, gerade groß genug, um dort ein Schmugglerversteck anzulegen. Das Örtchen Kirrin (benannt nach dem Familiennamen der fünf Freunde) ist – genauso wie Kirrin Castle auf Kirrin Island sowie der Bahnhof Kirrin Station – fiktiv. Jedoch ist das Dorf kein reines Phantasiegebilde der Autorin. Blyton verbringt als Mädchen und junge Frau viele Sommer in Dorset. Die Halbinsel Isle of Purbeck, gelegen an der Bucht von Poole, gilt als Blaupause für Blytons Entwurf der Landschaft um Kirrin. Dort findet sich auch die Ruine von Corfe Castle, deren Erscheinung den Lesern und Hörern von *Fünf Freunde* sehr bekannt vorkommt. Kirrin ist also eine Erfindung. Aber verorten kann man das Dorf recht genau.

Das gilt auch für Rocky Beach, der von Robert Arthur erfundenen kalifornischen Heimat der Detektive. Klar ist: Die Stadt ist recht klein und liegt an der Pazifikküste, so legt es Arthur bereits im ersten Buch *The Secret of Terror Castle* fest, das eine Reihe weiterer Anhaltspunkte bietet: An Rocky Beach schließt sich eine Berglandschaft an, wobei die Stadt selbst auf einem »flachen Gebiet, mit dem Pazifischen Ozean auf der einen und den Santa Monica Mountains auf der anderen Seite« liegt. Diese Verortung bietet ein perfektes Szenario für mysteriöse Geschichten, die in Höhlen, zu See, an Klippen oder in Bergen spielen. Arthur platziert die Stadt zudem nur wenige Meilen von Los Angeles entfernt. Damit sind sowohl die multikulturelle Megacity mitsamt Hollywood als auch die Wüste in der Nähe. Es gibt kaum einen Ort, dessen Umgebung so stark die Phantasie von Erzählern, Lesern und Hörern beflügelt, wie Rocky Beach.

Wo aber läge diese Stadt, wenn es sie gäbe? Reisen Fans von *Die drei ???* an die Küste Kaliforniens, gehört die Suche nach Rocky Beach zum Pflichtprogramm. Der fiktive Ort lässt sich genau verorten, wichtigstes Indiz ist die von Robert Arthur definierte Entfernung von 15 Meilen zur City von Los Angeles. Arthur nennt diese Zahl in der Geschichte von der *Flüsternden Mumie*. Wer, ausgerüstet mit Zirkel und Karte, nach einem solchen Küstenort sucht, findet zwei: Santa Monica, eine Stadt, die häufig in den Geschichten auftaucht – weshalb sie gleichzeitig nicht die Vorlage für Rocky Beach sein kann und mit ihren knapp 100 000 Einwohnern auch zu groß wäre. Zweitens Topanga Beach, ein ruhiger Strand am Pazifik, gelegen zwischen Santa Monica im Osten und Malibu im Westen, direkt an der legendären Küstenstraße Highway 1. Das »Beach« im Namen gibt einen Hinweis, hier richtig zu sein. Wer den Ort bei Google Maps sucht, stößt sogar auf die Bezeichnung »Rocky Beach«. Das ist aber nur ein Coup von Fans der Serie. Denn eine tatsächliche Stadt ist Topanga Beach nicht, eher eine Strandstation für Surfer.

Im Jahr 2007 macht sich der Autor Frederik Jötten im Auftrag der Wochenzeitung *Die Zeit* und ausgerüstet mit detektivisch-journalistischem Spürsinn auf die Suche nach Rocky Beach. Er begegnet bei seiner Rechercheereise in der Küstenstadt Santa Barbara der Krimiautorin Gayle Lynds, die wie ihr Mann Dennis Lynds einige Originalfälle der *The Three Investigators* geschrieben hat. Unter dem Pseudonym GH Stone ist sie Ende der 1980er und Anfang der 1990er Jahre verantwortlich für die Folgen *Die gefährlichen Fässer*, *Angriff der Computer-Viren* sowie *Die Musikpiraten*. Lynds zeigt dem deutschen Besucher einen Zettel, auf dem der Verlag den Autoren damals Hinweise auf die Verortung der Heimat der drei ??? gibt. Frederik Jötten zitiert daraus in seinem Reisebericht:

> Die drei Detektive leben in Rocky Beach, einer fiktiven Kleinstadt am Küsten-Highway, die sich zwischen dem Pa-

zifik und den Santa Monica Mountains erstreckt. Santa Monica liegt direkt östlich.

Gayle Lynds sagt, sie und ihr Mann hätten sich bei der Visualisierung von Rocky Beach ihre Heimatstadt Santa Barbara sowie das etwas südöstlich davon liegende Ventura als Vorlage genommen. Weil sich dort die Häfen finden lassen, die in einigen der Geschichten eine zentrale Rolle spielen. Geographisch geht diese Verortung jedoch nicht auf, denn wer von hier mit dem Auto nach Los Angeles fahren will, benötigt für die fast 100 Meilen mehr als eineinhalb Stunden.

Man kommt der Wahrheit wohl am nächsten, wenn man Rocky Beach als kalifornische Küstenstadt betrachtet, die Robert Arthur geographisch am Strand von Topanga Beach platziert und der er Merkmale diverser Städte entlang der Pazifikküste westlich von Los Angeles verleiht.

Arthur selbst lebt schon nicht mehr in Kalifornien, als er 1964 seinen ersten Fall der *The Three Investigators* schreibt, er ist nach seiner Zeit in Hollywood nach Philadelphia zurückgezogen. Als er für seine Serie andere Autorinnen und Autoren gewinnen muss, weil er selbst das Pensum nicht mehr erfüllen kann, ist es ihm jedoch wichtig, dass diese Ortskenntnisse besitzen: In ihrem aus der Fanperspektive geschriebenen Aufsatz *??? – The Three Investigators*, eine der sehr wenigen Abhandlungen über die Reihe in englischer Sprache, stellen die US-Amerikaner David Baumann und Seth Smolinske fest, »dass alle Autoren, die Titel für die originale *The Three Investigators*-Serie geschrieben haben, während ihrer Tätigkeit an einem Ort in der Nähe des fiktiven Rocky Beach gelebt haben«. Es ist Robert Arthur zu Lebzeiten sehr wichtig gewesen, Rocky Beach so zu beschreiben, dass dieser Ort möglichst echt erscheint.

»Die drei Detektive sind nun im Einsatz« – die deutsche Buchreihe

Zunächst scheitert die Einführung auf dem deutschen Buchmarkt, dann gibt eine Graphikerin der Reihe den entscheidenden Schub. Und noch eine weitere Frau sorgt als »heimliche Autorin« dafür, dass die Serie in deutschen Kinderzimmern immer beliebter wird.

Der erste Satz des ersten Buches in deutscher Sprache mit dem Titel *Die drei ??? und das Gespensterschloss* (1968) wird Alfred Hitchcock zugesprochen, und er ist merkwürdig:

> Zur Beachtung: Die folgenden einführenden Worte verpflichten in keiner Weise, ihnen Beachtung zu schenken.

Robert Arthur nutzt hier einen Trick, der bei Kindern, aber auch vielen Erwachsenen, hervorragend funktioniert: Wer schreibt, dieses oder jenes sei gar nicht so wichtig, stachelt damit die Neugierde an. Wie ein Polizist, der am Rand eines Tatorts behauptet, hier gäbe es nichts zu sehen – und damit die Gaffer erst recht anzieht.

In den darauffolgenden einführenden Worten, sehr nah am Original ins Deutsche übersetzt, stellt Hitchcock in der Rolle des Erzählers die drei Detektive vor. Er bezeichnet sie als »Bengel« – so reden die Erwachsenen zu dieser Zeit noch über Kinder, die sich trauen, eigenständig zu denken. Diese »Bengel« also lebten in Rocky Beach, »einem Städtchen an der Pazifikküste, nicht weit von Hollywood«. Bob Andrews sei »klein und drahtig«, ein »Verstandesmensch, doch nicht ohne einen Hang zum Abenteuer«. Peter Shaw dagegen sei »ziemlich groß und kräftig gebaut«. Und Justus Jonas? »Nun, meine persönliche Meinung über Justus Jonas möchte ich zunächst für mich behalten.« Nur so viel: Er bezeichne Justus »... (auch wenn ich übermäßig versucht bin, ihn Fettwanst zu nennen) mit dem gleichen Wort wie seine Freunde: stämmig«. Schon sehr früh findet sich also eine Stelle, in der es zum Bodyshaming kommt, was interessant ist, wenn man sich den Body-Mass-Index von Alfred Hitchcock in Erinnerung ruft, dem Robert Arthur diese Worte zuweist.

Einen Absatz lang beschreibt das Vorwort im Folgenden Justus Jonas als belesen und besserwisserisch. Sympathie für den Ersten Detektiv will der Erzähler bewusst nicht erzeugen, im Gegenteil, aus der Erwachsenenperspektive heraus wird er als Antiheld vorgestellt:

> Wenn Euch Justus Jonas nun schon ziemlich unausstehlich vorkommt, so kann ich Euch nur beipflichten. Zwar sagt man, er habe viele gute Freunde; doch über den Geschmack von Jugendlichen lässt sich bekanntermaßen streiten.

Wow! »Bengel« und »Fettwanst«, »unausstehlich« und beliebt nur bei jungen Menschen, deren Geschmack man nicht ernst nehmen dürfe: Der Ton ist gesetzt. Und der Effekt ist bemerkenswert: Als junger Leser glaubt man diesem Erzähler kein Wort. Man verbündet sich sofort mit diesem Justus Jonas – und natürlich hat es Robert Arthur genau darauf abgesehen, der hier die Mechanismen des Kasperletheaters nutzt, bei dem die Puppenspieler ihr Publikum routiniert manipulieren, wenn es darum geht, die Sympathien zu verteilen. »Nun, seid Ihr mir bis hierher gefolgt?«, heißt es am Ende des seltsamen Vorworts im ersten Band. »Dann seid Ihr sicherlich noch mehr erleichtert als ich, wenn dieses Geleitwort hiermit zu Ende ist.« Da hat der Autor recht.

Die drei ??? und das Gespensterschloss ist die erste Story, die Robert Arthur 1964 im Rahmen der Serie schreibt. Die deutsche Übersetzung erscheint vier Jahre später, und bereits im ersten Kapitel mit dem treffenden Titel *Die drei Detektive* wird das Grundsetting der Reihe definiert: die Zentrale auf dem Schrottplatz, der goldbeschlagene Rolls Royce mit Chauffeur Morton, das Kneten der Unterlippe, wenn Justus Jonas nachdenkt, natürlich die Visitenkarten der drei ???, die frisch aus einer – damals noch modern wirkenden – Druckmaschine rauschen:

Die drei Detektive
???
Wir übernehmen jeden Fall
Erster Detektiv: Justus Jonas
Zweiter Detektiv: Peter Shaw
Recherchen und Archiv: Bob Andrews

Bis heute gestalten sich unzählige Kinder nach diesem Vorbild ihre Visitenkarten, wenn sie gemeinsam mit Freunden eigene Detektivunternehmen gründen. In diesem Sinne sind *Die drei ???* eine Reihe zum Mitmachen und Nacherleben: Mädchen und Jungen spielen diese Geschichten nach, indem sie ihre Umwelt zur Kulisse eigener Detektivgeschichten gestalten.

»Die drei Detektive sind nun im Einsatz«, sagt Justus am Ende dieses ersten Kapitels. Und sie sind gekommen, um zu bleiben: Auch im Jahr 2022 veröffentlicht der Kosmos Verlag – unter diesen Namen firmiert die ehemalige Franckh'sche Verlagshandlung seit 1997, nach der zwischenzeitlichen Umbenennung in Franckh-Kosmos Verlag 1990 – regelmäßig neue Bände, als 223. Band erscheint 2022 *Die Yacht des Verrats* – bei der mit dem Justus-Doppelgänger Ian Carew ein alter Bekannter zurückkehrt. Bei durchschnittlich 150 Druckseiten pro Fall macht das insgesamt rund 33 600 Buchseiten. Das klingt nach einer irrsinnigen Menge, aber zum Vergleich: Marcel Prousts drei Bände von *Auf der Suche nach der verlorenen Zeit* kommen in der Übersetzung von Bernd-Jürgen Fischer bei Reclam auf 4325 Seiten. Siebenmal Proust zu lesen, ergibt also in etwa die gleiche Menge wie 220 Fälle von *Die drei ???*. Fragt sich, was unterhaltsamer ist.

Aiga Rasch rettet die Serie

Dass die Reihe in den 2020er Jahren wie eine gut geölte Maschine läuft – darauf hätte Ende der 1960er Jahre im Haus der Franckh'schen Verlagshandlung in Stuttgart wohl kaum jemand Geld gewettet. Die ersten beiden Bände mit den Fällen *Das Gespensterschloss* und *Die flüsternde Mumie* verkaufen sich zunächst wenig zufriedenstellend. Den Anspruch, *Die drei ???* nach dem Ende der *Fünf Freunde*-Reihe von Enid Blyton (die 1968 verstirbt) als erfolgreiche Nachfolgeserie direkt auf dieser Spur zu platzieren, können die ersten zwei Fälle nicht erfüllen. Es ist ungerecht, die geringen Verkäufe auf die Coverbilder des ersten Illustrators Jochen Bartsch zurückzuführen: Als Graphiker hat dieser zuvor die ikonischen Titel der Bücher von James Krüss gestaltet, und auch seine Arbeit für die neue Reihe *Die drei ???* ist solide, wenn auch ein wenig abstrakt: Vom *Gespensterschloss* ist die braune Fassade zu sehen, grüne Farben weisen auf den zu erwartenden Grusel hin. Bei der *Flüsternden Mumie* dagegen ist pastellfarbenes Gelb prägend, die Illustration wirkt wie eine Zeichnung aus einer modernen Kinderbibel aus dem Patmos-Verlag. Was der noch jungen Reihe mit diesen abstrakten Illustrationen allerdings nicht gelingt: ein optisches Alleinstellungsmerkmal im Buchhandel zu etablieren. Hier hat die Reihe *Fünf Freunde* mehr zu bieten: In den 1950er und 1960er Jahren verlegt der ebenfalls in Stuttgart ansässige Blüchert Verlag Bände, von denen jeder eine eigene starke Hintergrundfarbe besitzt, auf der eine Szene der Story dargestellt ist. Die Vielfalt der Farben im gleichen Design ist ein Hingucker in den Läden. Einen solchen will die Franckh'sche Verlagshandlung nun auch für *Die drei ???* entwickeln. Mit einem Unterschied: Die drei Jungen selbst sollen auf dem Titel nicht zu sehen sein. Es ist der Phantasie der Leser vorbehalten, sich ein Bild der drei Detektive zu machen.

Auftritt Aiga Rasch, geboren 1941 in Stuttgart, Tochter eines Architekten sowie einer Graphikerin und Malerin; das kreative Arbeiten kennt sie aus ihrem Elternhaus. Der Erfolg ihrer Mutter hilft ihr aber zunächst wenig, im Gegenteil, laut der Biographie auf der ihr gewidmeten Website *aiga-rasch.de* wird ihr bei einem Vorbereitungskurs zur Aufnahme an der Staatlichen Akademie der Künste in Stuttgart nahegelegt, auf das Kunststudium zu verzichten, ihr »feministischer Stil sei zu sehr von der erfolgreichen Mutter geprägt«, heißt es. Doch Aiga Rasch lässt sich nicht entmutigen. Auch mit Hilfe der Kontakte ihrer Mutter erhält sie erste Aufträge von Verlagen, ganz selbstverständlich für Bücher mit Mädchen als Zielgruppe, denn auf die Idee, dass eine Graphikerin die Titel einer Reihe mit Geschichten über Jungen gestaltet, kommt damals nun wirklich niemand. Bis auf Aiga Rasch selbst. Als sie im Verlag die ersten beiden *Die drei ???*-Bände sichtet, ist sie Feuer und Flamme für das Konzept der Serie, die Arbeit ihres Illustratorenkollegen betrachtet sie jedoch eher kritisch. Ihr Ansatz ist es, der Reihe ein einheitliches Erscheinungsbild zu verpassen, wie bei der *Fünf Freunde*-Reihe, jedoch nicht mit einer immer anderen Farbe pro Band, sondern stets einheitlich – und zwar in Schwarz. Schließlich ist der Name von Alfred Hitchcock Teil der Vermarktung, und da ist das Schwarz doch wohl die richtige Farbgebung. Dafür muss man nur auf die Filmplakate von Hitchcock-Klassikern wie *Das Fenster zum Hof* (1954), *Vertigo* (1958), *Psycho* (1960) oder *Marnie* (1964), schauen, auf denen ebenfalls das Schwarz dominiert. Die Verlagsleute sind zunächst wenig angetan von dieser Idee. Schwarz im Kinderzimmer – das sei unpassend und führe dazu, dass die Bücher erst recht zum Kassengift würden, denn welche Eltern oder Großeltern schenken ihren Kindern oder Enkeln Bücher mit einer derart düsteren Farbgebung?

Aiga Rasch jedoch glaubt an ihre Idee und überzeugt den Verlag. Ihr erstes Titelbild erscheint 1970 auf dem Band *Der Fluch des Rubins*, das Cover ist jedoch nicht jenes, das man später mit der Folge verbinden wird. Auf der frühen Version ist noch eine weiße Hitchcock-Büste zu sehen, die von einem Sockel kippt. Das passt zur Story, in der es ebenfalls um solche Büsten geht. Das passt auch zum Hitchcock-Branding, wirkt aber kühl und abstrakt. Aiga Rasch ersetzt das Bild schon bald durch die zweite Version, die eine mysteriöse Figur zeigt, ein feuriges Auge auf der Stirn, hinter ihr zwei Drachenköpfe. Mit diesem Entwurf gibt die Graphikerin das grundlegende Design der Reihe vor, das ab 1970 für viele Jahre die Bücher und ab 1979 auch die Hörspiele bestimmt: Der Name von Alfred Hitchcock, die drei ??? in Weiß (für Justus), Rot (für Bob), Blau (für Peter) – dass die Reihenfolge der Fragezeichen nicht zur Reihenfolge erster, zweiter, dritter passt, verwirrt einige Fans bis heute –, das Konterfei des Meisterregisseurs auf dem Buchrücken, dazu das prägende Schwarz, das der Reihe die gewünschte Unverwechselbarkeit gibt. Erst im Jahr 2005 – und damit 25 Jahre nach seinem Tod – verschwinden nach Ablauf der Nutzungslizenz Hitchcocks Konterfei und Name.

Aiga Rasch erhält vom Verlag den Auftrag, weitere Bände zu gestalten. Für die Fälle *Der Seltsame Wecker* und *Der Sprechende Totenkopf* zeichnet sie Entwürfe, erneut ersetzt sie diese für spätere Auflagen durch bessere. Schritt für Schritt findet sie ihren Stil: Die Titelbilder wirken zu gleichen Teilen modern und mystisch, vor allem lassen sie bei den Betrachtenden genügend Raum für Phantasie. Eine Ausstellung mit ihren Bildern für die Reihe, die 2018 in Fulda zusammengetragen wird, trägt den passenden Titel *Die sprechenden Bilder*. Das untrügliche Erkennungsmerkmal ihrer Arbeiten ist die Signatur auf jedem Titelbild, sie ist ein Zeichen dafür, dass sich Aiga Rasch als eigenständige Künstlerin versteht.

Ob es *Die drei ???* ohne die Illustrationen von Aiga Rasch heute noch geben würde? Hypothetische Frage. Aus dem

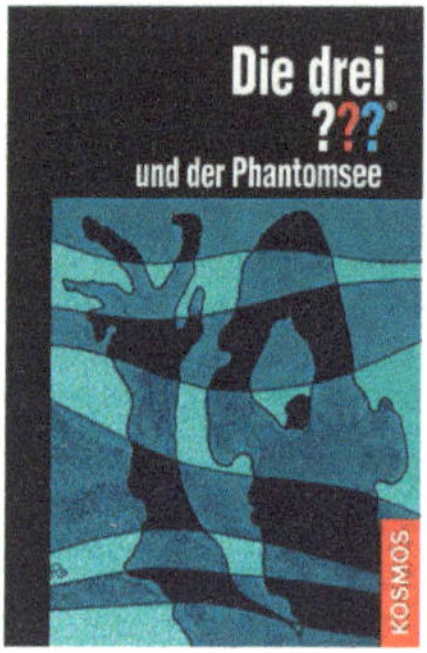

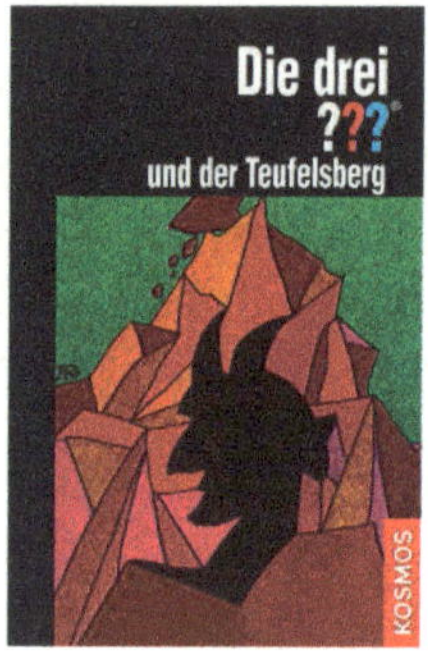

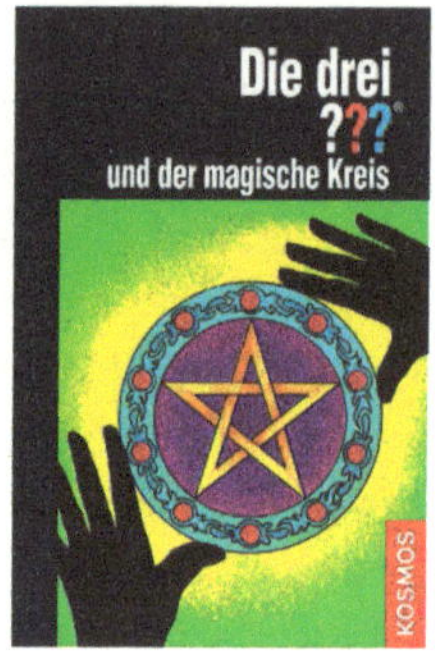

Bauch heraus lautet die Antwort: nein. Das Zusammenspiel aus dem dominierenden Schwarz und den geheimnisvoll anmutenden Illustrationen löst sowohl bei den Büchern als auch den Kassetten einen unmittelbaren Sog aus. Wer mit *Die drei ???* aufgewachsen ist, kann bis heute weder in der Buchhandlung noch im Elektrofachmarkt oder auf Flohmmärkten unbeteiligt an den Produkten der Serie vorbeigehen. Stets wird etwas getriggert. Dahinter steckt Nostalgie, klar, aber auch die Faszination des Geheimnisvollen. Viele von Aiga Raschs Titelbildern sind ikonisch und besitzen eine Ausstrahlung, die weit über die eigentliche Geschichte hinausgeht, dazu zählen etwa der verschwommene Schatten im *Phantomsee*, das diabolische Gebirgskonterfei des *Teufelsbergs*, das gespenstisch leuchtende Pentagramm beim *Magischen Kreis*. Insgesamt 89 Buch- und Hörspielcover gestaltet die Künstlerin bis zu ihrem Tod an Weihnachten 2009. Die Illustratoren, die danach für die Bände zuständig sind, verrichten ihre Arbeit im Gedenken an die Pionierin: Der Stil von Aiga Rasch findet sich auf den meisten Bildern wieder. Erst im 2021 entscheidet sich Kosmos dazu, den Titelillustrationen der Bücher einen neuen Look zu geben.

Auch die klassischen Geschichten erhalten neue Covergestaltungen. Wobei das von Aiga Rasch definierte Schwarz weiterhin keine Missverständnisse aufkommen lässt: Hier sind die drei ??? im Einsatz.

Die Fingerzeige von Frau Puschert

Eine zweite Frau besitzt großen Anteil daran, dass sich die Bücher der Reihe in Deutschland im Laufe der 1970er Jahre immer besser verkaufen: Leonore Puschert ist bei der Franckh'schen Verlagshandlung schon seit den späten 1950er Jahren als Übersetzerin tätig, 1968 nimmt sie sich der englischsprachigen Vorlagen von *Die drei ???* an, bis 1992 übersetzt sie 53 Fälle. Von Beginn an gelingt es ihr, eine Sprache zu finden, die dem Charakter einer Kinderserie gerecht wird, die Leserschaft aber auch nicht unterfordert. Als Übersetzerin charakterisiert sie ihren Job als »Vermittlerin zwischen zwei Sprachen«, wie sie es einmal in einem Interview mit dem Onlinefanprojekt *rockybeach.com* formuliert hat. Ein Ansatz, der dazu führt, dass sie Kompromisse finden muss. Als der Verlag bei der Vorbereitung der ersten Bände Sorge hat, die englischen Namen der drei Detektive könnten die junge deutsche Leserschaft überfordern, lässt Leonore Puschert aus Jupiter Jones Justus Jonas werden, verkürzt sie Peter Crenshaw zu Peter Shaw. Von sich aus hätte sie das nicht getan, gesteht sie später.

Nur in sehr wenigen Fällen greift die Übersetzerin – ebenfalls auf Wunsch von Verlagsseite – inhaltlich stärker in die Originalgeschichten ein. *Die Silberne Spinne* zum Beispiel spielt in der US-Fassung in einem fiktiven europäischen Fürstentum; das Franckh-Lektorat glaubt, diese Verortung sei für den deutschen Markt unglaubwürdig, und gibt der Übersetzerin den Auftrag, die Story in eine europäische Enklave nach Texas zu verlegen. Leonore Puschert wählt dafür eine Art schwedischen Fabrikstaat, weil sie einige Jahre in Skandinavien gelebt hat und dort erlebte, dass einige Werke wie Nationen organisiert waren. Wer heute eines der großen Ikea-Häuser besucht, die durchaus den Eindruck von Möbelhausenklaven erwecken, mag glauben, die Übersetzerin habe prophetische Fähigkeiten besessen.

Eine bei vielen Fans hochgeschätzte kreative Leistung von Leonore Puschert sind die »Fingerzeige«, mit denen sich in den frühen Geschichten Alfred Hitchcock persönlich zu Wort meldet, um mit süffisant-ironischem Ton den Fortgang der Story zu kommentieren sowie den Lesern Tipps zum Mitraten zu geben. Diese Einschübe finden sich im amerikanischen Original nicht – wohl aber in der Mitmachkrimisammlung *Alfred Hitchcock's Solve Them Yourself Mysteries*, die Leonore Puschert ebenfalls für Franckh übersetzt. »Diese witzigen Tipps und Hinweise von Hitchcock gefielen uns, so dass wir das Verfahren für die Bände der Reihe *Die drei ???* übernommen und in allen von mir übersetzten Büchern weitergeführt haben«, sagt Leonore Puschert 2004 im Interview mit *rocky-beach.com.* Was Hitchcock den Mitkombinierenden mit auf den Weg gibt und ob es sich dabei um einen echten Hinweis handelt oder um eine Nebelkerze – diese Entscheidung trifft die Übersetzerin jeweils selbst. »Ich hatte hier freie Hand, vom Lektorat gab es niemals Kritik oder Änderungen«, sagt sie. Man dürfe sie daher durchaus als »heimliche Autorin« bezeichnen. Womit ein weiteres Geheimnis rund um *Die drei ???* gelöst wäre.

Um die drei Detektive bei sinkenden Auflagen vor dem Aus zu retten, greift der US-Verlag Random House Ende der 1980er Jahre zu einem Trick. Er gibt den Autoren den Auftrag, die actiongeladenen *Crimebusters*-Storys für eine etwas ältere Zielgruppe zu schreiben. Neben den Inhalten der Fälle ändert sich auch das Setting: Die drei Detektive sind mit einem Schlag nicht mehr 12 oder 13, sondern 16 oder 17 Jahre alt. Was sie – zumindest in den USA – zum Fahren eines Autos berechtigt. Und was darüber hinaus glaubwürdig macht, dass sie plötzlich Freundinnen an ihrer Seite haben.

1989 tritt im *Crimebusters*-Fall vom *Giftigen Gockel* Kelly Madigan als Peters Freundin auf. Beschrieben wird sie zunächst als Stereotyp einer Cheerleaderin, einige deutsche Autoren stärken später das Profil dieser Figur, bei einigen Fällen ermittelt sie eigenständig. In den Büchern taucht sie heute noch sporadisch auf, in den Hörspielen seit Ende der 1990er Jahre nicht mehr. Als zweite Freundin bringt die Autorin GH Stone 1990 beim *Angriff der Computer-Viren* Lys de Kerk an der Seite von Justus in die Welt der *Die drei ???* ein. Als smarte Schauspielerin passt sie gut zum Ersten Detektiv, der selbst in seinen Kinderjahren als Darsteller bei *Die kleinen Strolche* mitgespielt hat. Auch die Auftritte von Lys de Kerk wurden mit der Zeit immer seltener, mittlerweile gelten sie und Justus als getrennt. Bleibt noch Elizabeth Zapata, Bobs Freundin, die ebenfalls erstmals in der Folge *Angriff der Computer-Viren* auftritt. Da die Gefühlswelt des dritten Detektivs häufiger im Zentrum der Fälle steht, wird bei der Folge *Stimmen aus dem Nichts* deutlich, dass es zwischen Elizabeth und Bob kriselt – beim Fall über den *Meister des Todes* sind die beiden getrennt.

Warum die Freundinnenplots in Büchern, vor allem aber in den Hörspielen so lieblos auslaufen? André Minninger, der für *Die drei ???* eigene Fälle und für die Hörspiele die Drehbücher schreibt, begründet in einer Forumsdiskussion auf der Fanseite *rocky-beach.com* die Entwicklung mit der Erklärung, die Freundinnen seien bei den Lesern und Hörern nicht »sonderlich beliebt« gewesen. Minningers Statement zum Thema Sexualität: »Die drei ??? sind weder schwul noch hetero oder bi.« Die Sexualität spielt in den meisten Geschichten schlicht keine Rolle. Nicht unbedingt, weil die Autoren oder Produzenten prüde wären. Sondern weil Beziehungen das Prinzip der permanenten Gegenwart gefährden, über das wir später noch ewas erfahren werden. Eine Passage aus dem Fall *Das brennende Schwert*, erzählt von André Marx, bringt die Problematik auf den Punkt:

> »Seit Justus Lys kennt, ist er ganz schön von der Rolle, findest du nicht auch?«, fragte Peter, während sie die Straße entlangfuhren. »Früher hätte er noch stundenlang über den Fall diskutieren wollen, und jetzt wirft er uns einfach raus.« Bob zuckte nur mit den Schultern. »Das passt mir ganz gut, ich bin nämlich noch mit Elizabeth verabredet.« »Und ich mit Kelly«, gestand Peter. »Aber trotzdem. Früher war es irgendwie anders.« »Besser?«, fragte Bob. »Keine Ahnung. Eben anders.«

Und wenn die drei ??? bei ihren ewigen Ermittlungen eines nicht werden dürfen, dann anders.

Drei starke Frauen und ein Gentleman

Skinny Norris gilt als der Erzfeind der drei ???, aber im Grunde ist er nicht mehr als eine Nervensäge. Sucht man nach der Nemesis des Ermittlertrios, gibt es bessere Kandidatinnen – und einen Kandidaten.

Clarissa Franklin

Die Psychiaterin ist ein besonders gerissener Charakter, der in den Hörspielen von Judy Winter gesprochen wird. Franklin taucht bislang in drei Folgen auf, erstmals in der Geschichte *Stimmen aus dem Nichts*, in der Bob den Fehler macht, sich aus ermittlungstaktischen Gründen bei dieser verdächtigen Psychiaterin in Behandlung zu geben, was wiederum dazu führt, dass sie ihn hypnotisiert und es ihr gelingt, Bob in diesem Zustand wichtige Informationen zu entlocken. In den späteren Folgen *Rufmord* und *Signale aus dem Jenseits* erkennt Bob Clarissa Franklin im Radio und Fernsehen wieder, in beiden Fällen erliegt er erneut ihrer manipulierenden Kraft, was im Fall *Rufmord* sogar zum beiläufig in Richtung Peter dahingemurmelten Geständnis »Ich liebe sie« führt – in den Fanforen einer der meistdiskutierten Sätze überhaupt.

Allie Jamison

Allie taucht erstmals in der Geschichte von der *Singenden Schlange* (Buch Nummer 15) auf. Ihren ersten Auftritt hat sie mit einem Reitunfall, bei dem sie sich ein blutendes Knie holt. Die drei ??? kümmern sich um sie – und Allie Jamison nutzt die Gelegenheit, Justus, Peter und Bob für ihre Zwecke einzuspannen: Sie stellt ihnen ihre Tante Patricia Osborne vor, eine entrückte Esoterikerin, die sich von einem dreisten Satanisten ausnutzen lässt. In Band 24 über die *Silbermine* ist Allie Jamison erneut dabei, dieses Mal nervt sie die drei ???, indem sie starrköpfig behauptet, Wesley Thurgood, geschätzter Nachbar ihres Onkels, habe Dreck am Stecken. Niemand will ihr glauben. Doch natürlich hat sie recht. Was vor allem Justus spürbar an die Nieren geht und im Hörspiel zur patzigen Frage führt: »Und Allie liegt immer richtig, ja?« Auch die Fans bewerten Allie Jamison ambivalent. Der Charakter polarisiert, wobei das Pro-Lager die deutschen Autoren einige Male dazu aufruft, Allie neu zu entdecken. Genau dies tut schließlich 2011 Kari Erlhoff, die Allie Jamison in Band 148 von der *Feurigen Flut* nach Rocky Beach zurückholt.

Jelena Charkova

Die Violinistin, seit einem Autounfall im Rollstuhl sitzend, ist Tochter eines russischen Musiklehrers. Ihre Mutter hat sie früh verloren, eine Erfahrung, die sie mit Justus Jonas teilt, dessen Eltern bei einem Unfall verstarben. In der Folge *Botschaft von Geisterhand* stellt sie die drei ??? zunächst selbst vor ein Rätsel, um Justus, Peter und Bob aus der Reserve zu locken. Eine Strategie, die Justus auf die Palme bringt. In der Jubiläumsfolge 100 über die *Toteninsel* erhält Jelena Charkova sogar einen eigenen Story-Teil, der aus ihrer Perspektive erzählt wird. Einige äußerten daraufhin die Vermutung, sie könnte das Trio auf Dauer ergänzen, als hyperintelligente, kongeniale Partnerin von Justus. Doch das

Gegenteil ist der Fall: In den Hörspielen taucht sie nur noch ein einziges Mal auf, in den Büchern immerhin noch viermal.

Victor Hugenay

Was für Holmes Professor Moriarty ist, ist für Justus Jonas der französische Kunstdieb, der sich selbst als Kunstexperte beschreibt. Sein erster Auftritt erfolgt in der ersten Hörspielfolge *Super-Papagei*, wobei er damals noch wie ein konventioneller Krimineller mit Hang zur Gewalt daherkommt: Plumpe Sätze wie »Her mit dem Kasten!« oder »Willst du wohl!« kommen ihm später nicht mehr über die Lippen, im Gegenteil: Victor Hugenay entwickelt sich zur Sanftheit in Person, der Justus mit seiner Intelligenz bis aufs Äußerste fordert. In der Folge *Das Erbe des Meisterdiebs* gelingt es Hugenay, den Ersten Detektiv an besonders sensiblen Stellen zu treffen – und ihn damit in Versuchung zu führen. Im dreiteiligen Fall *Feuermond*, Nummer 125, vertieft André Marx die Biographie des Rivalen – keine Frage: Diese Figur ist noch nicht auserzählt.

»Hey, Peter, jemand ruft um Hilfe« – die Hörspielserie

Weltweit verdrängt das Fernsehen das Radio, in Deutschland sorgt die Firma Europa dafür, dass das Hörspiel im Kinderzimmer weiterlebt. Dank günstiger Preise und bewährter Sprecher erzielt das Label viele Erfolge, *Die drei ???* übertreffen alles.

Die Geschichte des Hörspiels beginnt im Radio. Wer in Großbritannien oder den USA von Hörspielen spricht, sagt »radio play« oder »radio drama«, das Ursprungsmedium ist hier Teil des Begriffs. Bevor dem Fernsehen in Amerika der Durchbruch gelingt, sind »radio plays« fester Bestandteil der Abendunterhaltung. Auch in den beiden Teilen Deutschlands – in der DDR sowie der Bundesrepublik – entwickelt sich nach dem Zweiten Weltkrieg eine florierende Hörspielkultur. Was den Deutschen heute ihr Fernsehkrimi, ist ihnen in den 1950er und 1960er Jahren der Radiokrimi. Die öffentlich-rechtlichen Rundfunkanstalten inszenieren Buchvorlagen von Agatha Christie, Raymond Chandler, Georges Simenon oder Francis Durbridge als aufwendige Hörspiele, die Storys spielen in den westlichen Metropolen London, Los Angeles oder Paris – alles Sehnsuchtsorte der jungen Bundesrepublik auf der Schwelle zwischen Nachkriegszeit und Wirtschaftswunder. Die Beliebtheit führt dazu, dass in Deutschland viele Schauspieler abseits der Bühnen und Kameras auch als Hörspielsprecher tätig sind. Gerade bei Theaterleuten gelten diese Jobs als beliebt: tagsüber rein ins Hörspielstudio, abends auf die Bühnenbretter – diese beruflichen Doppelengagements lassen sich gut managen. Und einzusprechen gibt es genug: Für Reihen wie Durbridges *Paul Temple* oder Simenons *Kommissar Maigret* werden stundenlange Werke mit Dutzenden Rollen inszeniert.

Das Fernsehen verdrängt die Hörspiele – nur nicht bei Europa

Ihr Ende findet die große Zeit der Hörspiele im Kontext der massenmedialen Wachablösung: Das Fernsehen erobert die Wohnzimmer, die Radios verlieren rasch ihre Stellung als Alleinunterhalter, denn warum Geschichten nur hören, wenn man sie zusätzlich auch sehen kann? Erkennbar wird die Entwicklung ab Ende der 1950er Jahre auch in der Bundesrepublik, die Storys von Francis Durbridge werden ab 1959 vor allem im Fernsehen erzählt, 1966 startet mit *Raumpatrouille Orion* eine erste Straßenfeger-TV-Serie. Der Siegeszug des Fernsehens scheint – wie überall auf der Welt – auch in Deutschland beschlossene Sache zu sein.

Dann jedoch gründet sich 1965 in Hamburg eine Firma, die vorhat, das Hörspiel ganz neu zu verorten – nämlich im Kinderzimmer. Der Hamburger Musikwissenschaftler Andreas E. Beurmann (1928–2016) entwickelt unter dem Dach der seit 1961 existierenden Schallplattenfirma Miller International

Schallplatten das Label Europa. Seine Geschäftsidee ist es, gesprochene Geschichten für Kinder auf Tonträgern zu veröffentlichen, also nicht fürs Radio zu produzieren, sondern für den Heimgebrauch. Hörspiele *to go* – das Label Europa findet damit ein modernes Geschäftsmodell.

Der Schlüssel zum relativ schnellen kommerziellen Durchbruch ist der niedrige Standardpreis einer LP: fünf Mark. Zunächst bringen Beurmann und Dave Miller, der Gründer von Miller International Schallplatten, Hörspielschallplatten für 9,80 Mark auf den Markt. Als das Geschäft nicht sonderlich gut anläuft, suchen die beiden nach Gründen für den schwachen Start und kommen zu der Erkenntnis, dass ein Zehnmarkschein zu viel sein könnte. Die Idee der beiden: den Preis auf das größte Hartgeld begrenzen, also auf fünf Mark. Der berühmte Heiermann also. Während die Hörspielplatten von Konkurrenzfirmen wie der Deutschen Grammophon für knapp unter 20 Mark in den Handel kommen, sind die Europa-Produkte deutlich günstiger. Das Hörspielvinyl ist erschwinglich für Kinder, die mit ihrem Taschengeld zahlen, aber auch für Verwandte auf der Suche nach kleineren Geschenken. Ein Umstand, der kulturkritische Stimmen auf den Plan ruft, die Hörspiele als »seelenlose Erzählautomaten» und »elektrische Großmütter« bezeichnen. Was zeigt: Wo etwas Neues entsteht, ist Kulturpessimismus nie weit.

Europa presst zunächst hautsächlich Kinderlesungen aufs Vinyl. Prägender Sprecher der frühen Jahre ist Hans Paetsch (1909–2002), der den Märchen der Gebrüder Grimm, *Max und Moritz* oder dem *Struwwelpeter* neues Leben einhaucht. Bemerkenswert ist, dass Paetsch, dessen Stimme wie keine zweite für Europa-Produktionen steht, beim Zugpferd des Labels, *Die drei ???*, lediglich dreimal zum Einsatz kommt – bei *Die*

Perlenvögel, *Das Geheimnis der Särge* sowie *Vampir im Internet*, in der er 1999, drei Jahre vor seinem Tod, noch einmal in seiner Paraderolle auftritt, nämlich als Märchenerzähler.

Zusätzlich zu den Märchen widmet sich das Europa-Programm schon bald ausgewählten Literaturklassikern, die stark gekürzt den Weg in die Kinderzimmer finden. Die Bandbreite ist gewaltig, sie reicht von *Ben Hur* und *Die letzten Tage von Pompeji* über die *Nibelungensage* und *Moby Dick* bis zum *Wirtshaus im Spessart* und *Robin Hood*. Das Geschäft gewinnt zusätzlich an Dynamik, als sich Andreas E. Beurmann die Rechte an den Büchern des Kinderbuchautors Eberhard Alexander-Burgh sichert: Die Reihe *Hui Buh*, mit dem Sprecher Hans Clarin als Gespenst, sowie die Geschichten von der *Hexe Schrumpeldei* mit Hans Paetsch als Erzähler entwickeln sich zu Bestsellern.

Europa erschafft eine eigene Gattung

Vor wenigen Jahren erhalte ich die Gelegenheit, ein längeres Telefongespräch mit Heikedine Körting (*1945) zu führen, die seit 1973 bei Europa hauptverantwortlich für die Hörspielproduktion ist. Am anderen Ende der Leitung erwartet mich eine fröhliche und auskunftsfreudige Frau mit dezent norddeutschem Akzent, die gerne Auskunft über die Eigenarten von Europa gibt – einem Label, das es in dieser Form auf der Welt kein zweites Mal gibt. »Unsere Hörspiele sind mehr als ›Filme ohne Bilder‹ oder ›gesprochene Bücher‹«, macht sie zu Beginn des Interviews klar. »Wir haben eine eigene Gattung gestaltet – und das haben andere Länder nicht zu bieten.« Zu tun habe das damit, dass besonders in Amerika das Fernsehen eine viel größere Rolle gespielt habe, als es in Deutschland der Fall war.

> Wenn es in den USA Hörspiele gab, dann wurde in der Regel einfach die Tonspur einer Fernsehsendung überspielt. Serien wie *Strawberry Shortcake*, in Deutschland bekannt als *Emily Erdbeer*, waren dort sehr erfolgreich, begründeten aber keine eigene Hörspielkultur, wie es sie – wie ich glaube – in dieser Form tatsächlich nur in Deutschland gibt.

Weil der Verkaufspreis der Europa-Produktion standardmäßig niedrig ist, das Label aber dennoch Qualität bieten will, setzt es auf innovative Vertriebsideen, um Gewinne zu erzielen. »Funktioniert hat das mit großen Umsatzmengen«, erzählt Körting. »Ich erinnere mich zum Beispiel an eine neue Serie, mit der wir 1984 begonnen haben: *Der kleine Drache Flitze Feuerzahn*. Davon haben wir mit der ersten Folge tatsächlich mehr als eine Million Hörspiele verkauft.« Pro verkauftem Produkt habe die Firma nicht allzu viel Gewinn gemacht, »da sind nur ein paar Pfennige hängengeblieben, aber wenn die Auflage dann an der Million kratzte, dann hat sich das natürlich gerechnet«. Voraussetzung für das Geschäftsmodell von Europa ist, dass die Hörspiele flächendeckend überall dort zu haben sind, wo Kinder ihr Taschengeld ausgeben oder Großeltern ihre Geschenke kaufen möchten. Daher überzeugt das Label den Handel mit besonderen Konditionen, wie Körting verrät: »Die Händler besaßen volles Umtauschrecht, es gab also kein Risiko für die Geschäfte. Dennoch haben wir versucht, die LPs und Kassetten so in die Läden zu stellen, dass sie sich dort auch tatsächlich alle verkaufen. Wir hatten eine Retourenquote von ein bis zwei Prozent, so etwas gibt es heute fast gar nicht mehr.«

Ab Ende der 1960er Jahre bringt die Einführung der Kassette neben der LP ein neues Format ins Spiel. Günstiger in der Herstellung sind Kassetten zunächst nicht, im Gegenteil: Körting erklärt mir, dass die Tapes in den ersten Jahren noch viel teurer zu vervielfältigen waren als die Schallplatten. »Kassetten waren damals noch Hi-Tech-Tonträger, die aufwendig verschraubt werden mussten.« Andere Labels nahmen daher für die Kassetten mehr Geld als für die LP. »Wir haben den Preis beibehalten: fünf Mark.« Zum großen Durchbruch verhilft der Kassette schließlich eine technische Innovation: Ende der 1970er Jahre bringt Sony den ersten Walkman auf den Markt, ein Gerät, mit dem sich Tonaufnahmen auf Kassette für jeden erschwinglich mobil abspielen und mit sich herumtragen lassen. Der Walkman führt zu einer Kulturrevolution und kurbelt die Nachfragen nach Kassetten in ungeahntem Maße an. Aus komplizierten Tonträgern werden Gebrauchsgegenstände, die industrielle Fertigung wird stark vereinfacht, die Zahl der Schrauben nimmt ab, schon bald werden die Tapes verschweißt, was zu weiter sinkenden Preisen führt. Der große Vorteil des Formats für Familien: Die Kassetten sind für Kinder handhabbarer als Vinyl-LPs. »Um die Schallplatten zu hören, mussten die Kinder noch an die Stereoanlage der Eltern ran, was denen nicht immer so gut gefiel«, sagt Körting. »Nun können sie ihre Kassetten auf einem eigenen Abspielgerät hören.«

Drei Stimmen für den ewigen Erfolg

Körting verantwortet in dieser entscheidenden Wachstumsphase von Europa bereits die Hörspielproduktion des Labels. Dabei arbeitet sie eng mit dem Autor H. G. Francis zusammen, der für viele der klassischen Folgen von *Die drei ???* aus den Buchvorlagen das Hörspielskript erstellt. Für Europa schreibt er darüber hinaus auch eigene Geschichten für Serien wie *Masters of the Universe*, *Commander Perkins* oder seine eigene *H. G. Francis' Gruselserie*. Während ihre Autoren fleißig schreiben, stellt Heikedine Körting rasch ein Ensemble an Sprechern zusammen und rekrutiert dafür bekannte Namen aus der hanseatischen Theater- und Fernsehszene, darunter Horst Frank und Volker Brandt, Reinhilt Schneider und Judy Winter. Zwei Dinge helfen ihr beim Casting: Erstens gibt es in Deutschland im Gegensatz zu vielen andern Nationen ein großes Arbeitsfeld für Synchronsprecher, zweitens ist es für Schauspieler seit den 1950er Jahren eben eine gute Tradition, ihr Können auch bei Hörspielaufnahmen zu zeigen.

In der frühen Phase gelingt es ihr, die Sprecher mit einer Mischung aus Beharrlichkeit und Freundlichkeit für die Aufnahmen zu gewinnen. Ihr außergewöhnliches Tonstudio, eingerichtet in einer Villa im Hamburger Stadtteil Harvestehude, trägt zum Erfolg bei. Nach vielen Jahren im Geschäft hat sie es heute leichter, Schauspieler zu engagieren. Vor allem dann, wenn es um Auftritte in einer Folge von *Die drei ???* geht, da will eigentlich jeder mal dabei sein. Beispiel Axel Milberg, nach Peter Pasetti (Folge 1 bis 64), Matthias Fuchs (65 bis 103) und Thomas Fritsch (104 bis 186) die mittlerweile vierte Erzählerstimme der Serie. Milberg ist ein sehr gut beschäftigter Schauspieler, darüber hinaus tätig als Hörbuchsprecher und Romanautor. Gar nicht so einfach, einen solchen Namen zu gewinnen, oder? »Wir hatten das Glück, dass er selbst Kinder hat – und alle sind sie Fans der *Die drei ???*«, erzählt Körting. Und sowieso habe sich eines mit den Jahren gezeigt: »Die Schauspieler, die für unsere Hörspiele sprechen, drehen sehr viele aufwendige Filme.

Aber für kein anderes Engagement bekommen sie am Ende so viel positives Feedback wie für eine Rolle bei *Die drei ???*.«

In den ersten großen Europa-Jahren Ende der 1970er und Anfang der 1980er Jahre bringt das Label im hohen Tempo neue Serien für die Generation der Kassettenkinder an den Start; *Black Beauty* und *Commander Perkins*, die Abenteuer von *Burg Schreckenstein* oder die Geschichten der *Fünf Freunde*, ebenfalls auf Basis der Bücher von Enid Blyton. *Fünf Freunde* ist damals auch im ZDF als englische TV-Serie zu sehen, Synchronsprecher des von Marcus Harris gespielten Julian ist ein Berliner Junge namens Oliver Rohrbeck. Dieser übernimmt die Rolle dann auch bei den Hörspielen – wie auch die Kinder, die Dick, Anne und George synchronisieren, weshalb Europa stolz auf dem Cover vermerkt: »In den Hauptrollen die Originalsprecher der deutschen TV-Serie.« Wobei Europa nicht einfach die Tonspur überspielt, sondern für die Hörspielversionen eigene Bücher entwickelt.

Über die Empfehlung eines der Kinder, mit denen Körting im Studio arbeitet und das sie ungläubig fragt, ob sie tatsächlich die Bücher über die drei ??? nicht kenne, stößt sie Mitte der 1970er Jahre erstmals auf die Geschichten der drei Juniordetektive. Sofort entdeckt sie das Potential. Doch das Vorhaben, die Bücher auf Basis der US-Originale in Deutschland als Hörspiele umzusetzen, erweist sich als kompliziert. Es beginnt eine zwei Jahre lange Phase zäher Verhandlungen mit dem US-Verlag sowie dem Management von Alfred Hitchcock. Doch Körting plant bereits und denkt über die Besetzung der drei zentralen Rollen nach. Als Erster Detektiv schwebt ihr Oliver Rohrbeck (*1965) vor, der in der Rolle des führenden Ermittlers ja bereits als Julian überzeugt hat. Für die Nummer zwei entscheidet sie sich schließlich für Jens Wawrczeck (*1963), der

Die drei ??? bereits als Leser kennt und den Körting als Gast bei *Fünf Freunde* testet und schließlich für die neue Serie castet. Schließlich die Nummer drei: Andreas Fröhlich (*1965), ein Tipp von Oliver Rohrbecks Mutter, die in Berlin eine Agentur leitet, die Kinder für Funk-, Fernseh- und Hörspielrollen vermittelt. Auch Andreas Fröhlich kennt die Serie bereits als Leser: Als Mitte der 1970er Jahre der Bücherbus in seiner Berliner Siedlung Station macht, fischt er aus der hinteren Ecke den Fall *Der Karpatenhund.* In einem für den *Die drei ???*-Podcast geführten Interview erzählt Andreas Fröhlich 2019, was ihn damals an dem Exemplar fasziniert: »der schwarze Buchrücken und die irre Zeichnung von Aiga Rasch«.

Woran erkennt Körting, dass Kinderstimmen zu einer Serie passen, die im Idealfall über viele Jahre hinweg läuft? »Erstens müssen sie gut sprechen können, wobei sprechen heißt: nicht nur Texte abzulesen, sondern zu schauspielern«, erklärt sie mir im Gespräch.

> Wichtig ist auch, dass die Kinder jeweils eine eigene Stimme mitbringen. Nur so ist gewährleistet, dass man als Hörer bei Teams wie den drei ???, den fünf Freunden oder TKKG weiß: Ah, das ist der, und das ist der. Wenn ich Hörspiele von anderen Produktionsfirmen höre, denke ich mir manchmal: Die machen das alle für sich gut, aber wer nun wer ist – das kann ich häufig gar nicht sagen.

Weil Europa Ende der 1970er und Anfang der 1980er Jahre einen eindrucksvollen Output besitzt und seine Produktionen weiterhin preisgünstig verkauft, optimiert die Firma die Effizienz. Körting plant die Aufnahmen so, dass die Sprecher, wenn sie fürs Studio gebucht werden, nicht nur eine, sondern

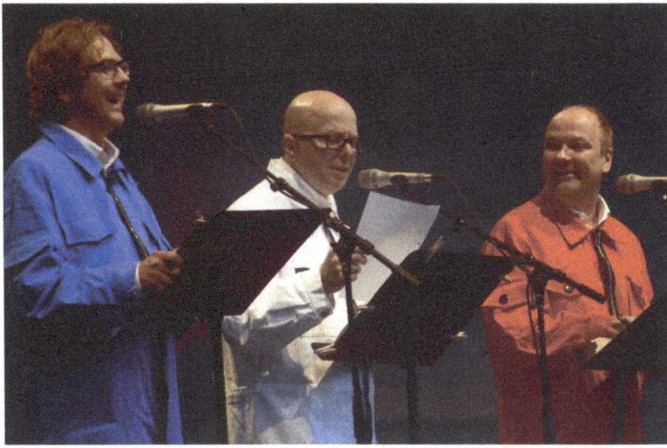

Andreas Fröhlich, Oliver Rohrbeck und Jens Wawrczeck (v. l.) 2010 bei der Live-Inszenierung von *Die drei ??? und der seltsame Wecker* auf der Berliner Waldbühne

gleich mehrere Episoden einsprechen. Andreas von der Meden zum Beispiel spricht mit dem Chauffeur Morton und der Nervensäge Skinny Norris sogar gleich zwei wichtige Charaktere.

Für die Sprecher handelt es sich um rasch zu erledigende Stimmenjobs, dennoch ist die Qualität der Performances absolut beachtlich. Es sei denn, die Schauspieler unternehmen den Versuch, asiatische oder spanische Dialekte zu imitieren. Es ist heute nicht möglich, diese Momente ohne Fremdscham zu hören. Wobei einige immerhin (unfreiwillig) lustig sind. So verriet mir Bastian Pastewka, Fan von Hörspielen im Allgemeinen und besonders von *Die drei ???*, eine seiner Lieblingsstellen: Wenn in der Folge *Das Narbengesicht* Hoang Van Don, der aus Vietnam stammende Koch von Albert Hitfield (der einige Folgen lang nach dem Tod von Alfred Hitchcock als sein Ersatz auftaucht), die drei Detektive scheinbar mit einer Waffe bedroht und die von Volker Brandt gesprochene Figur schließlich sagt: »Du denkst, ich habe Pistole, aber es ist nur der Stiel von einem Kochlöffel. Ist Trick, ich sehe im Fernsehen.«

Die Hörspielkönigin

Deutschland ist keine Monarchie, eine Regentin besitzt das Land dennoch: Wird über Heikedine Körting geschrieben, fällt irgendwann zwangsläufig die Bezeichnung »Hörspielkönigin«. Und es stimmt: Ihr Anteil am Durchbruch und Dauererfolg der Hörspiele von Europa und insbesondere der Reihe *Die drei ???* ist kaum zu überschätzen.

Die im Juni 1945 in Jena geborene studierte Juristin arbeitet zunächst als Anwältin und als Nebendarstellerin in deutschen Kinoproduktionen. Schon früh verbindet sie akkurates und kreatives Arbeiten miteinander. 1963 lernt sie den Musikwissenschaftler Andreas E. Beurmann kennen, den sie später heiraten wird. Beurmann (der bis zu seinem Tod 2016 bei *Die drei ???* unter dem Pseudonym Hans Meinhardt unter anderem die Rolle des Titus Jonas spricht) gründet 1966 zusammen mit Dave Miller das Label Europa, für das Körting zunächst Drehbücher schreibt und schon bald auch Hörspielregie führt. Seit 1973 leitet sie die Hörspielproduktionen des Labels, mehr als 2000 Hörspiele hat sie in dieser Zeit verantwortet.

Ob mit der Erfahrung von so vielen Hörspielen die Arbeit irgendwann zur Routine wird? »Es ist niemals Routine, nein. Kein einziges meiner Hörspiele ist Routine«, sagt mir Körting im Gespräch. Das sei einerseits genau richtig.

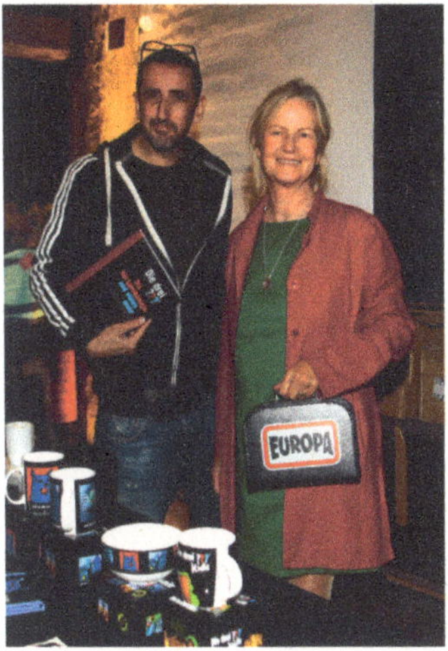

Heikedine Körting und *Die drei ???*-Autor sowie Hörspielproduzent André Minninger bei der Release Party zu der Folge *Fußballteufel*, 2013

Andererseits würde ich schon manchmal gerne denken: »Ach, das nächste Hörspiel macht weniger Arbeit, denn du kennst das ja alles schon.« Aber von wegen, jede Folge verlangt nach der gleichen Mühe wie die Folge zuvor. Wobei sogar das Gegenteil der Fall ist, denn nach so vielen Hörspielen besitzt man natürlich die Motivation, allen, die denken, unsere Produktionen seien Routine, zu beweisen, dass es anders ist.

Wenn also jemand weiß, wodurch sich ein gutes Hörspiel auszeichnet, dann Körting. Also, wo liegt das Geheimnis? Bereitwillig verrät sie mir ein paar entscheidende Faktoren:

Der Ausgangspunkt ist ein gutes Grundbuch, denn die Story ist zu Beginn das A und O. Aus diesem Buch entwickeln wir ein Hörspielskript, bei dem wir uns an dem Aufbau von Dramen orientieren. Dazu zählen Elemente wie ein erster Höhepunkt gleich am Anfang, dazu immer wieder aufklärende Szenen, damit die Hörer nicht zu lange im Dunkeln tappen, sowie natürlich ein finaler Höhepunkt mit echtem Aha-Erlebnis.

Bei den Hörspieladaptionen arbeitet Körting seit vielen Jahren mit André Minninger zusammen, der nicht nur eigene Fälle verfasst, sondern in der Regel für die Hörspielskripte verantwortlich ist. Ist das Skript fertig, beginnen die Aufnahmen. Bis alle Stimmen im Kasten sind, brauchen die Profis bei Europa ein bis zwei Tage.

Damit ist das Hörspiel allerdings noch lange nicht fertig, es dauert mindestens ein bis zwei Wochen, um die Geräusche hinzuzufügen. Und dann kommt noch die Musik, die wir entweder aus dem Archiv nehmen oder neu komponieren lassen.

Eine letzte intensive Zeit ist dann die Endabmischung, bei der die Hörspielregie alles zusammenführt: Stimmen, Geräusche und Musik. »Ich fühle mich dabei wie eine Dirigentin mit einem Orchester«, erzählt Körting mir mit spürbarer Begeisterung für ihren Job. Weil sie dabei sowohl die Dramaturgie als auch die Technik verantwortet, greift Körting konkret ein, wenn sie bestimmte Effekte erreichen will.

Angenommen, es gibt eine Szene, in der sich die drei ??? am Strand verstecken und vermeintliche Verbrecher belauschen, dann hat die Dramaturgin in mir diese Szene bildlich im

Kopf, und die Tontechnikerin sorgt dafür, dass die Stimmaufnahmen räumlich so überspielt werden, dass das Bild der Szene auch hörbar wird. Das hilft, damit am Ende beim Hörer das Gefühl entsteht, wirklich bei dieser Szene am Strand dabei zu sein.

Und genau darum geht's bei Europa: Hörspiele als eigenständige Gattung zu begreifen und Geschichten lebendig zu erzählen.

Die drei ??? gehen in Serie

Die Veröffentlichungsstrategie von Europa ist von Beginn an auf hohes Tempo getrimmt: Auf einen Schlag erscheinen Mitte Oktober 1979 sechs Folgen, nur zwei Wochen später folgen drei weitere. Das Konzept: Mit diesen neun LPs und Kassetten erhält die Serie in den Läden direkt ein eigenes Fach: diese Präsenz verschafft Aufmerksamkeit. Die Zahlenfolge auf dem Cover spielt dabei keine große Rolle und bricht mit der Chronologie der Bücher – ein Umstand, der sehr ordnungsliebende Fans der Serie bis heute nervös macht. Das erste Hörspiel *Der Super-Papagei* ist in der US-Vorlage Buch zwei, auf dem deutschen Markt Buch acht. Dafür erscheint das *Gespensterschlos*s, die Buchpremiere von *Die drei ???*, als Europa-Hörspiel mit der Folgennummer elf. Dank der hohen Produktionsgeschwindigkeit holt Europa bereits 1981 die Buchreihe der Franckh'schen Verlagshandlung ein. Nun ist die Taktung der neuen Hörspielfolgen vom Schreibtempo der US-Autoren abhängig. Die Folgennummern der Bücher und Hörspiele unterscheiden sich dennoch in einigen Fällen, manchmal sogar um zwei Num-

Die drei ???-Streamingcharts

Seit 2016 finden sich die Hörspielfolgen von *Die drei ???* bei allen großen Streamingdiensten. Weil der Anbieter Spotify die Abrufzahlen öffentlich macht, lässt sich für diesen Dienst ein Ranking der beliebtesten Folgen erstellen. Durchschnittlich greifen pro Monat mehr als 652 356 Nutzer auf die Serie zu. Der *Stern* zitierte kurz nach dem Start der Reihe bei Spotify eine Auswertung der Hörerschaft und ihrer Gewohnheiten. So seien 90 Prozent der Nutzer älter als 18 Jahre, 30 Prozent älter als 30 Jahre alt. Während die Abrufzahlen tagsüber moderat seien, stiegen sie gegen Abend an, mit einem Peak um 21 Uhr – wobei das hohe Niveau auch am späten Abend und sogar nachts erhalten bleibe. *Die drei ???* als Einschlafhilfe – das ist kein Stereotyp, sondern statistisch belegbar. Blickt man auf die Wiedergabezahlen der einzelnen Folgen, fällt auf, dass bei Spotify besonders häufig die neuesten sowie die Klassikerfolgen gehört werden, jeweils mit Zugriffszahlen über zwei Millionen. So bietet es sich an, den Blick gleich auf zwei Top-10-Listen zu richten – sowie auf eine Rangliste mit den bei Spotify am wenigsten beliebten Folgen. Diese belegt wiederum: Die These, nach der die qualitativ mittelmäßigen Fußballfolgen zwar von den Hardcorefans verschmäht werden, bei der Masse aber gut ankommen, ist nicht länger

mern. Der Grund sind Sonderfolgen wie *Originalmusik* oder die vom *Feuerteufel*, die der Verlag zunächst nicht einreiht, Europa jedoch chronologisch als Hörspielfolge 90 einordnet. Jedoch bemühen sich die beiden Firmen seit einiger Zeit um haltbar. Die Folge *Fußballgangster* kommt als Schlusslicht nur auf knapp 735 000 Wiedergaben. Und die Konkurrenz von TKKG erreicht bei neuen Folgen im Durchschnitt gut 200 000 Spotify-Wiedergaben, Klassiker wie die erste Folge *Die Jagd nach den Millionendieben* oder *Angst in der 9a* kommen auf bis zu 700 000 Zugriffe.

Spotify-Top-5 der neueren Folgen (ab Folge 151)

1. Das silberne Amulett (Folge 187)
2. Der unsichtbare Passagier (189)
3. Verbrechen im Nichts (191)
4. Im Bann des Drachen (192)
5. Der Kelch des Schicksals (208)

Spotify-Top-5 der älteren Folgen (bis Folge 150)

1. Der Super-Papagei (Folge 1)
2. Der Phantomsee (2)
3. Der Karpatenhund (3)
4. Die geheime Treppe (138)
5. Feuermond (125)

Die drei Folgen mit den geringsten Wiedergabezahlen

1. Fußballgangster (Folge 63)
2. Schwarze Monster (94)
3. Fußballfieber (123)

(Stand: 2022)

Einheitlichkeit, insbesondere um Jubiläumsfolgen gleichermaßen als Buch und Hörspiel zu vermarkten.

Erscheint heute ein neues Hörspiel von *Die drei ???*, kann man es auf den Streamingplattformen, als MP3 zum Download, auf CD sowie tatsächlich auch wieder auf den Traditionsmedien Kassette oder Schallplatte hören. Ein Hörspiel, fünf Formate: An diesem Aufwand zeigt sich, wie beliebt die Hörspiele weiterhin sind. Ihr Schallplatten-Comeback feiert die Serie nach einer langen Vinylpause, die 1982 nach der Folge *Das Riff der Haie* beginnt, im Jahr 2001. Zunächst gibt es LP-Veröffentlichungen nur bei Sonderfolgen wie der Jubiläumsnummer 100 über die *Toteninsel*. Seit der 2015er-Folge *Der Hexengarten* (184) veröffentlicht Europa wieder jeden Fall auf Vinyl – und zwar jeweils als Doppel-LP, damit der Klang stimmt. Der Preis ist heute kein Fünfer mehr, sondern beträgt rund 18 Euro: Das Label kann sich gewiss sein, dass die treuen Vinylkunden bereit sind, diesen Betrag auszugeben.

Erstaunlich hartnäckig ist das zweite klassische Erfolgsformat der Reihe, nämlich die Kassette. Europa stellt die Hörspielproduktion auf Tape 2012 beinahe komplett ein, aus zwei Gründen: erstens weil die Nachfrage sinkt (auch weil es kaum noch Abspielgeräte für MCs zu kaufen gibt), zweitens weil das Label nur schwer Hersteller findet, die in der Lage sind, zu annehmbaren Preisen Kassetten zu vervielfältigen. Die Ausnahme vom Ende der Kassettenstrategie sind jeweils neue Folgen von *Die drei ???*, diese werden auch weiterhin für die retroselige Fangemeinde auf MC veröffentlicht, zum Preis von rund sechs Euro.

Justus ist älter als Tante Mathilda!

Während ich dieses Kapitel verfasse, läuft in meinem Arbeitszimmer die Hörspielfolge 213 vom *Fluch der Medusa*. Ein Blick auf die Liste der Sprecher: in der Rolle der drei Detektive natürlich Oliver Rohrbeck, Jens Wawrczeck, Andreas Fröhlich. Männer Mitte 50, die Jungen um die 16, 17 sprechen. Und es funktioniert. Auf der Besetzungsliste finden sich weitere mir bekannte Namen. Karin Lieneweg spricht noch immer Justus' Tante Mathilda. Man fragt sich, wie das sein kann, weil man schon damals, in den frühen 1980er Jahren, eine ältere Frau vor Augen hatte, wenn man ihre Stimme hörte. Karin Lieneweg ist Jahrgang 1937; als die Serie 1979 beginnt, ist sie demnach 42 – und damit mehr als zehn Jahre jünger, als es die Sprecher der drei ??? heute sind. Und vier Jahre jünger, als ich es heute bin. Selbst älter zu sein als Tante Mathilda, die in den frühen Folgen Erwachsenensätze wie diesen sagt: »Na, Kinder, ihr macht ja ein Gesicht wie sieben Tage Regenwetter« – das konnte man sich als Kassettenkind beim besten Willen nicht vorstellen.

Um die Verwirrung noch zu steigern: Ebenfalls im *Fluch der Medusa* zu hören ist der Schauspieler und Sprecher Marek Harloff (*1981), der in den 1980er Jahren bereits in der Europa-Serie um die *Funk-Füchse* die Rolle des Bömmel gesprochen hat. Mit dabei ist aber auch dessen Sohn Lovis – jetzt sprechen also schon die Kinder der ewig jung wirkenden Sprecher mit! Dann wiederum ist die Stimme von Lutz Mackensy (*1944), zu hören, ein echtes Europa-Urgestein, der als ewiger Erzähler der Hörspiele der *Fünf Freunde* einen großen Anteil am Erfolg dieser Reihe hat und auch bei *Die drei ???* gern gesehener Gast ist, zum Beispiel in der Rolle des diabolischen Dr. Shaitan in *Die singende Schlange.*

Auf eine seltsame Art verschwimmen in der Welt der Europa-Hörspiele die Generationen und Alterszahlen. Und es gibt Momente im Leben, an denen nichts schöner ist, als sich in diese Zeitlosigkeit fallenzulassen. Und sei es, um in den Schlaf zu finden.

So vertraut wie die Stimmen von Oliver Rohrbeck, Jens Wawrczeck und Andreas Fröhlich sind den Hörspielfans der ersten Stunde die Kompositionen von Carsten Bohn (*1948). Von 1979 bis 1983 schreibt und spielt der Hamburger Musiker eine Reihe von Tracks, die einige Jahre lang die kurzen, aber einprägsamen Soundtracksequenzen der Hörspiele des Europa-Labels dominieren.

Wer aber ist dieser Carsten Bohn? Einen Namen in der hanseatischen Musikszene macht er sich Ende der 1960er Jahre. Bohn ist einer der Schlagzeuger des Folkrockkollektivs Die City Preachers, das – gegründet vom Londoner Exilhamburger John O'Brien-Docker – multikulturellen Folkrock spielt. Die Gruppe besitzt zu dieser Zeit eine große Anziehungskraft auf Künstler aus der Hansestadt, viele Musiker machen bei den City Preachers ihre ersten zaghaften Karriereschritte, darunter die heute in London lebende Avantgardepopsängerin Dagmar Krause, Rocksängerin Inga Rumpf oder Udo Lindenberg, der vor Carsten Bohn Schlagzeuger bei den City Preachers ist. Als Lindenberg die Band verlässt, rückt Bohn als Drummer nach. Weil ihm und Sängerin Inga Rumpf jedoch der Folkstil der City Preachers mittlerweile recht antiquiert vorkommt, gründen sie die neue Gruppe Frumpy, die mit ihrer jazzigen Progrockfusion zu den Vorreitern der deutschen Krautrockbewegung zählt. Die Band veröffentlicht drei hochgelobte Alben, bevor Carsten Bohn Ende der 1970er Jahre ein neues eigenes Projekt gründet: Carsten Bohn's Bandstand, ein Kollektiv verschiedener Musiker, das auf drei Instrumentalplatten virtuosen Fusionjazz und melodischen Progressive-Pop zusammenbringt.

Wie aber kommt der Progjazzdrummer Carsten Bohn zum Europa-Label, das Hörspiele für Kinder produziert? Purer Zufall. In einem Interview mit dem Online-Fanzine *Spirit* berichtet Bohn, er habe damals zusammen mit anderen Musikern aus dem Projekt in einem Haus gewohnt, das Heikedine Körting gehört habe: »Zufällig bekam sie heraus, dass einige ihrer Mieter in einer Band sind, und sie schlug uns vor, mit ihr zusammenzuarbeiten.« Gesagt, getan – aber die Geschichte entwickelt sich kompliziert. Das Europa-Dachlabel Miller hat bereits Anfang der 1960er Jahre gewinnbringende Erfahrungen damit gemacht, Musik »anonymisiert« zu veröffentlichen, zum Beispiel mit Hilfe von Sammelpseudonymen, hinter denen verschiedene Komponisten, Arrangeure und Musiker stehen. Das Ziel liegt auf der Hand: Wo mehrere Komponisten sich ein Pseudonym teilen, sind Fragen des Urheberrechts schwer zu klären.

Eine Eigenart von Europa ist, dass die Pseudonyme wie Bösewichte aus *Die drei ???* klingen: Phil Moss, Betty George – oder Bert Brac. Unter letzterem Pseudonym steuert neben Andreas E. Beurmann auch Carsten Bohn eine Reihe von Musiken bei. Zu hören sind seine Tracks in beinahe allen Europa-Reihen aus den frühen 1980er Jahren. Eine eigenhändige Zählung von Carsten Bohn ergibt die Nutzung seiner Tracks in 172 Folgen, von *Die Funk-Füchse* und *Pizza-Bande* über TKKG und *Flash Gordon* bis hin zu den *Edgar Wallace*-Hörspielen und *H. G. Francis' Gruselserie*.

Eine besondere Stellung nimmt der von Carsten Bohn komponierte Titelsong der *Fünf Freunde*-Reihe ein: Bohn komponiert das Lied nicht nur, er singt die legendären Zeilen wie »Kein Geheimnis gibt's auf der Welt / Die uns fünf Freunden so gefällt / Wir sind jedem Rätsel auf der Spur / Wir lösen sie,

Greatest Hits:
die fünf besten Bohn-Tracks aus Klassikerfolgen

1. »Die Arnoldskinder reißen aus«: romantischer Abenteuersoundtrack mit der unsterblichen gepfiffenen Melodie.
2. »Flaggio Let Me Be«: loungiger Track für die Momente einer Geschichte, wenn nach einer zwischenzeitlichen Klimax etwas Ruhe einkehrt.
3. »Watchout on Purpose«: psychedelischer Groove und Wah-Wah-Gitarren – ein Motivstück für dramatische Augenblicke, wenn echte Gefahr im Verzug ist.
4. »Miles Smiles Ahead«: langsamer atmosphärischer Track, der gerne dann genutzt wird, wenn sich das Problem zuspitzt, die Motive noch nebulös sind und der Ausgang offen scheint.
5. »Berlin Sequence«: eingängiges flotteres Stück, das meistens im ersten Drittel der Folgen zu hören ist, wenn die Bedrohung noch nicht unmittelbar zu erkennen ist.

Bonustracks:
Kein weiteres Stück von Carsten Bohn, sondern zwei Kompositionen von den Feldhahn Brothers, die Mitte der 1980er Jahre für Europa aktiv waren und dem Label ihre 80s-Popsongs »In The Middle of the Night« und »That's Why I Love You« überließen. Zum ersten Mal zu hören sind sie in der Folge *Der Heimliche Hehler*. Europa sollte sich überlegen, die beiden Songs als Vinylsingle für Sammler neu herauszubringen: Die Absätze wären sichergestellt, so beliebt sind die beiden Stücke bei den Fans der ersten Stunde.

glaubt mir nur!« auch selbst ein. Aus diesem Grund verkauft er den Song einzeln und mit eindeutig geklärten Verwertungsrechten an Europa, mit der Folge, dass dieser Track als mittlerweile einziger aus dem Werk von Carsten Bohn weiterhin bei den Europa-Hörspielen zum Einsatz kommt. Im Fall der anderen Musiken wird Ende der 1980er Jahre ein Rechtsstreit zwischen Carsten Bohn und dem Europa-Dachlabel Miller eröffnet, der sich ewig hinzieht und vielleicht sogar noch immer andauert – die Sachlage ist intransparent, die Parteien zeigen sich verschwiegen.

Bekannt sind folgende Fakten: Erstens darf Europa die Bohn-Musik seit 1988 nicht mehr nutzen, weshalb Ende der 1980er Jahre auch die neuen Auflagen der alten Hörspiele einen neuen Soundtrack erhalten. Europa gibt sich dabei viel Mühe, die klassische Musik so gut wie möglich zu ersetzen. Zweitens darf *Original-Musik,* Folge 29, mit der hauptsächlich von Carsten Bohn komponierten Musik zu *Die drei ???* nicht neu aufgelegt werden, weshalb im Internet die Vinylversion dieser Sonderfolge mit bis zu 550 Euro und die Kassette mit bis zu 50 Euro gehandelt wird. Die 1996 veröffentliche zweite Auflage der Folge 29 mit dem Titel *Die Originalmusik* – die Zusammenschreibung macht den Unterschied – bietet ausschließlich Musik aus der Post-Bohn-Zeit. Drittens reagiert der Komponist auf die große Nachfrage der Fan-Community nach seiner Originalmusik, indem er Mitte der 2000er Jahre sein Projekt Carsten Bohn's Bandstand reaktiviert und die beliebten *Die drei ???*-Evergreens als *Brandnew Oldies* neu einspielt – und zwar in sehr originalgetreuen, jedoch deutlich verlängerten Versionen.

Titel-Favoriten

Es ist gar nicht so einfach, mehr als 220 Folgen jeweils einen Titel zu geben, der erstens spannend klingt und zweitens noch nicht vorgekommen ist. Ganz ohne Begriffswiederholungen funktioniert das nicht. Das zeigt ein Ranking der beliebtesten Titelwörter der regulären Folgen. In der Regel stammen diese aus einer begrifflichen Welt, die wenig Licht kennt – und wenn, dann nur gefährlich loderndes …

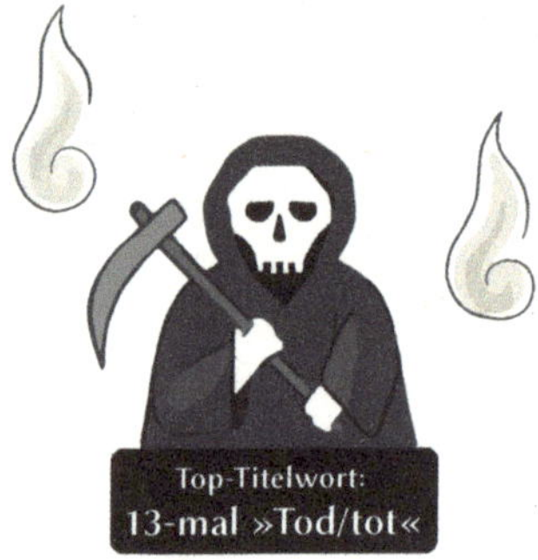

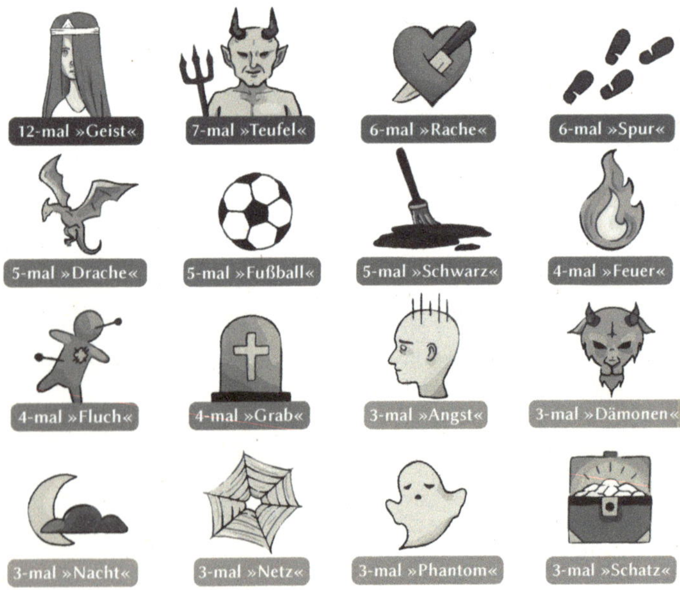

Diese *Die drei ???*-Titel gibt es noch nicht:

Die drei ??? und die Rache am Grab des Teufels

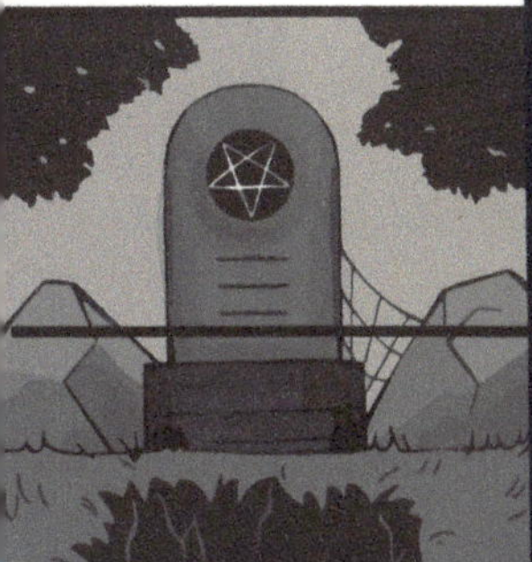

Die drei ??? und die schwarze Spur des dämonischen Feuerdrachens

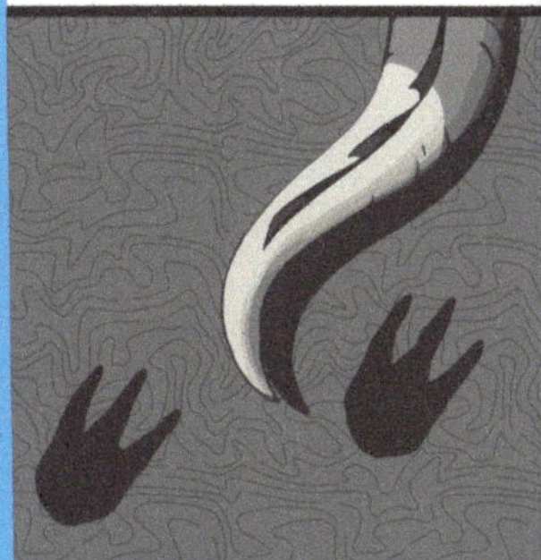

Die drei ??? und der Schatz des Fußballphantoms

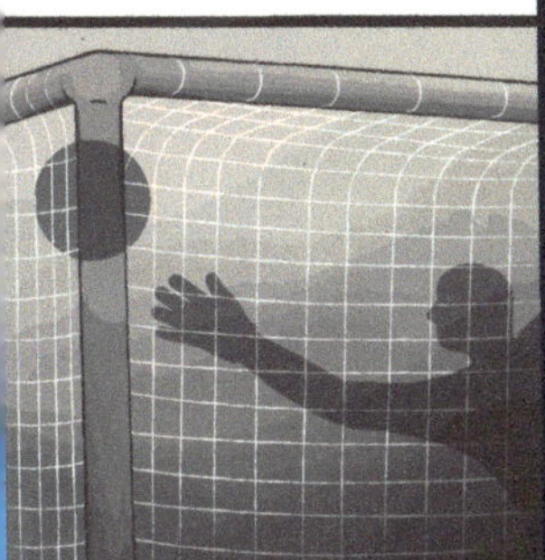

Die drei ??? und das Netz der Angst

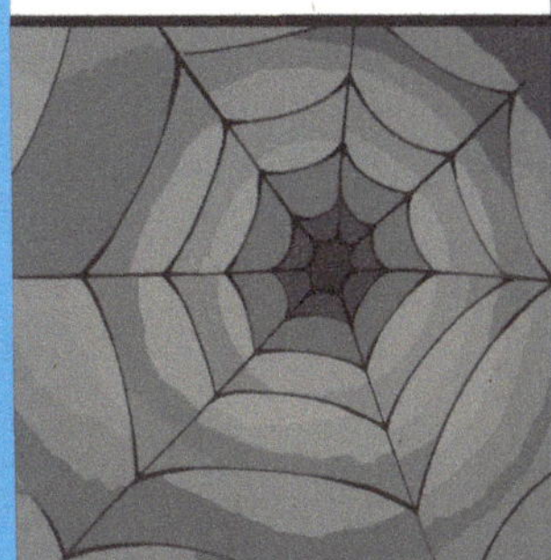

Die große Vermarktung – Spins-offs, Shows und Sonderfälle

Die Vermarktung der Reihe umfasst beinahe alle vorstellbaren Produktlinien. Die kapitalistische Verwertung gerät nur einmal ins Schleudern, als sich die Frage stellt, wem *Die drei ???* eigentlich gehört.

Wer sich heute für *Die drei ???* interessiert, betritt ein eigenes Universum, ausgestaltet vom Kosmos Verlag. »Produktwelt« ist das Stichwort, und in dieser gibt es nichts, was es nicht gibt: Adventskalender und Rätselpuzzle, Klamotten und Trinkflaschen, Soundgeneratoren mit Originalklängen und Goldbarren mit Gedenkprägung. Wer Fans etwas schenken möchte, hat die Qual der Wahl. Zur Not funktioniert auch ein Ticketgutschein, denn regelmäßig werden die Hörspiele live inszeniert – in den größten Arenen der Republik.

Aber auch wer die *Die drei ???* weiterhin nur lesen oder hören möchte, muss sich entscheiden: Neben Bänden mit neuen Folgen gibt es Sonderfälle als Graphic Novels, Knobelbücher für Justus-Jonas-Fans, Escape-Krimis zum Mitraten, Fertigpizzen inklusive Rätsel, um die Backzeit zu überbrücken, sowie eine Menge Sekundärliteratur über *Die drei ???* – zu der nicht zuletzt auch dieser Band zählt. Neben den klassischen

Hörspielen veröffentlicht das Label Europa Fälle im »Kopfhörer«-Mix, der als akustische 3-D-Adaption ein räumliches Hören vermittelt, sowie interaktive Storyvarianten, die vom Nutzer über das Alexa-System von Amazon steuerbar sind. Zu haben sind auch Lesungen der Buchvorlagen klassischer Fälle, vorgetragen von prominenten Fans wie Jan Böhmermann, Henning May, Sänger der Kölner Band AnnenMayKantereit, oder Die-Ärzte-Schlagzeuger Bela B. Auch legendäre Sprecher der Serie werden für die Lesungen engagiert, so liest die »ewige Tante Mathilda« Karin Lieneweg den Fall *Der Sprechende Totenkopf* oder Judy Winter *Der Ameisenmensch.* Neben allerhand Podcasts von Fans für Fans bietet Europa auch ein offizielles Talkformat an: Andreas Fröhlich erzählt in seinem *Bobcast* mit dem Titel *Haschimitenfürst* Anekdoten aus der Historie der Reihe – der Titel ist dem Hörspiel zum Fall *Die Silberne Spinne* entnommen, in dem die Autoren dem dritten Detektiv einen legendären Satz ins Drehbuch geschrieben haben, nachdem sich dieser heftig den Kopf geschlagen hat: »Ich glaub, ich hab ’nen Haschimitenfürst im Gehirn.«

Viele dieser Seitenarme der Rocky-Beach-Konsumwelt richten sich an Hardcorefans, die interessiert zuhören, wenn die Sprecherin Judy Winter die poetische Übersetzungsarbeit von Leonore Puschert analysiert. Es existiert aber auch eine reichhaltige Produktpalette, die neue Kunden an die Serie binden soll. Die *Die drei ???*-Welt soll schließlich weiterwachsen.

Wie man neue Fans gewinnt? Mit neuen Reihen, zugespitzt auf Zielgruppen, bei denen es bei der Originalserie Luft nach oben gibt. So entwickelt der Kosmos Verlag 2006 mit *Die drei !!!* eine Serie mit »Detektivgeschichten für clevere Mädchen«, wie es im Untertitel heißt. Auch diese Reihe läuft mit häufig gelungenen Geschichten erfolgreich, bislang sind mehr

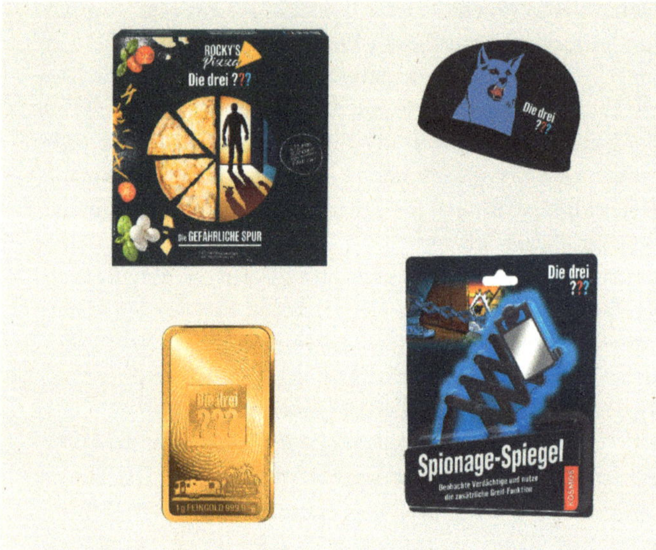

Von der *Die drei ???*-Fertigpizza bis zum -Goldbarren: Die Produktwelt ist grenzenlos.

als 90 Fälle erschienen, auch ins Kino haben es die Ermittlerinnen geschafft, zudem wird eine Fernsehserie gedreht – eine TV-Umsetzung haben die Mädchen den Jungen voraus. Mal bewegen sich die Geschichten um die drei !!! in Welten, die sich offensichtlich an Mädchen richten sollen: im Pferdestall und in Paris, auf einer Promihochzeit oder einer Modenschau. Auch das Verliebtsein wird bei *Die drei !!!* deutlich offener behandelt als bei *Die drei ???*. Unter den Folgen gibt es aber auch klassische Detektivstorys über Geheimnisse im *Spukhotel* oder *Düstermoor*. Hinzu kommen Geschichten über gegenwartsrelevante Themen wie Klima- und Umweltschutz, etwa der Fall *Voller Einsatz für die Erde*. Anders als *Die drei ???* spielen die Geschichten der drei !!! nicht im kalifornischen Rocky Beach, sondern in einer nicht benannten deutschen Stadt. Das Design der Bücher und Hörspiele verzichtet auf das markante Schwarz, setzt auf Buntheit, häufig stereotyp in Rot, Rosa oder Pink.

Für jüngere Kinder sind bereits seit 1999 *Die drei ??? Kids* auf dem Markt, zunächst als Buch-, seit 2009 auch als Hörspielreihe. Wer sich den *Kids*-Folgen in der Hoffnung nähert, hier ein Prequel der klassischen *Die drei ???* zu entdecken, also eine authentische Vorgeschichte, wird milde enttäuscht: Die Charaktertiefe geht bei den kindgerechten Erzählungen ziemlich verloren. Zudem reicht ein Blick auf die Titelillustrationen, um die »Ursünde« der *Kids*-Reihe zu identifizieren: Auf den Büchern und auf den Hörspiel-CDs werden die drei Juniordetektive visualisiert, in einem Comicstil, der an die Bildgeschichten erinnert, mit denen Banken und Versicherungen versuchen, Kinder für ihre Geschäfte zu begeistern.

Ein weiteres Problem der *Kids*-Hörspiele: Die drei Sprecher Jannik Schümann (Justus), Yoshij Grimm (Peter) und David Wittmann (Bob) erledigen einen soliden Job, doch sorgen harte Stimmbrüche dafür, dass die Besetzung schon bald an Glaubwürdigkeit verliert. Zwar tauchen in den Geschichten neben den drei Detektiven bekannte Namen wie Tante Mathilda und Onkel Titus, Kommissar Reynolds und Skinny Norris auf. Doch besitzen diese Figuren bei den *Kids*-Folgen andere Merkmale und Hintergründe. Skinny zum Beispiel ist bei den *Kids* kein gelangweilter Mittelklassenteenager wie im Original, sondern der Sohn eines zwielichtigen Barbetreibers aus einem düsteren Teil von Rocky Beach. Kommissar Reynolds bestricht bei den *Kids* nicht durch Autorität, sondern durch erschreckende Dusseligkeit. Während Onkel Titus bei den klassischen *Die drei ???* eher als Träumer mit Prinzipien denn als Geschäftsmann daherkommt, leuchten bei den *Kids*-Geschichten seine Augen, sobald sich die Gelegenheit zu einem Geschäft ergibt. Und Tante Mathilda? Ist in der *Kids*-Welt eine notorische Kümmerin mit Hang zum ständigen Kirschkuchenbacken. Was man bei aller Kritik jedoch festhalten muss: Vielen jüngeren Kindern gefällt dieses Storygerüst. Die Geschichten spielen in Skaterparks, Spaßbädern oder Klettergärten und erfüllen ihr Hauptziel: Die solide Kinderzimmerunterhaltung durch *Die drei ??? Kids* baut Kindern eine Rampe, die sie irgendwann zu den »echten« *Die drei ???* führt.

Auf die Kinoleinwand schafften es *Die drei ???* bislang zweimal: Studio Hamburg produzierte die Filme *Das Geheimnis der Geisterinsel* (2007) und *Das verfluchte Schloss* (2009), mit amerikanischen Kids in den Rollen von Justus, Peter und Bob – ein weiterer Versuch, die Serie in ihrem Ursprungsland erfolgreich zu machen. Ein dritter Film, der, so die Ankündigung, basierend auf dem Fall *Die Silberne Spinne* die Figur des Victor Hugenay weiterentwickeln und den Tod der Eltern von Justus Jonas thematisieren wollte, wurde dagegen nicht realisiert. Doch 2023 steht die Rückkehr der Ermittler ins Kino an, diesmal mit deutschen Darstellern: Ort des Geschehens in *Die drei ??? – Erbe des Drachen* ist ein Schloss in Transsilvanien.

Graphic Novels: Highlights der Verwertung

Ein interessantes Paralleluniversum bieten die ebenfalls bei Kosmos verlegten *Die drei ???*-Graphic Novels, die zwangsläufig mit dem Dogma brechen, man solle sich kein Bild der drei Juniordetektive machen. 2022 startete etwa eine neue Reihe mit Comicadaptionen klassischer Fälle im Retrocomicstil. Den Anfang macht *Das Gespensterschloss*, illustriert von Ines Korth und textlich adaptiert von Christopher Tauber. Das für viele Fans interessanteste Artefakt aus der Produktwelt von *Die drei ???* stammt ebenfalls von Tauber, trägt den Titel *Rocky Beach* und bezeichnet sich im Untertitel vorsichtig als *Eine Interpretation* (2020). Die erstaunlich düster gezeichnete und erzählte Graphic Novel von Tauber (Story und Text) und Hanna Wenzel (Illustration) bricht mit dem Konzept der permanenten Gegenwart, das dafür sorgt, dass die drei ??? nicht älter werden (mehr zum Aspekt der eingefrorenen Zeit im nächsten Kapitel). In dieser Graphic Novel sind die drei um die 40 Jahre alt – willkommen in der Midlife-Crisis! Die kalifornische Unschuld des alten Rocky Beach ist verloren gegangen, es dominieren Zwielicht und Schatten. Aus Onkel Titus' Schrottplatz ist ein von Drogendealern bevölkertes Brachland geworden, die gesamte Kleinstadt am Pazifik leidet unter korrupten Cops und organisierter Kriminalität. Peter Shaw arbeitet mittlerweile als Versicherungsdetektiv, Bob Andrews als erfolgreicher Filmproduzent. Und Justus Jonas? Taucht in der Graphic Novel erst auf Seite 81 auf, mit ungepflegtem Bart und Schnapsflasche in der Hand, Beruf: Buchhändler.

Von der alten Freundschaft zwischen den Dreien ist kaum etwas übriggeblieben, ein finaler Fall als *Die drei ???* hat anscheinend einen gewaltigen Schatten auf das Verhältnis untereinander geworfen. Nun aber hat Peter für einen Auftraggeber einen Job zu erfüllen, bei dem er die Fähigkeiten von Justus Jonas benötigt. Also geht es noch einmal gemeinsam an die Arbeit. Mit im Spiel: Sex und Alkohol, harsche Flüche und körperliche Gewalt. *Rocky Beach* ist kein Comic für Kinder, sondern Hardboiled-Kriminoir-Stoff für Erwachsene. Christopher Tauber sagt in einem Interview mit dem Deutschlandfunk, er finde nicht, dass die vom ihm erfundene Welt zu düster sei. Er habe die drei ??? vielmehr aus dem »Fegefeuer der ewigen Jugend befreit und ihnen damit einen großen Dienst erwiesen«. Und es stimmt: Endlich besitzen die Figuren ausgeprägte biographische Erfahrungen. In der Theorie angelegt sind diese bereits in den Originalbüchern von Robert Arthur, beginnend beim Tod der Eltern von Justus Jonas. Auch verortet *Rocky Beach Die drei ???* in einem Amerika, das eher den realen USA entspricht – ein Amerika mit kaputten Landschaften, korrupten Polizisten und rassistischer Gewalt gegenüber People of Color. Am Ende von *Rocky Beach* stehen ein filmreifer Kuss sowie, im finalen Bild, Justus, Peter und Bob als ermattete Männer am steinigen Strand, der Rocky Beach seinen Namen gibt. Großes Kino!

Was noch fehlt, ist eine Hörspielfassung dieser Graphic Novel. Sollte es dazu kommen, wird man sich bei Europa sehr genau überlegen, ob es klug ist, dafür die Originalsprecher Oliver Rohrbeck, Jens Wawrczeck und Andreas Fröhlich einzusetzen. Lässt sich die Illusion, dass diese Stimmen zu drei Jungen zwischen 16 und 17 gehören, aufrechthalten, wenn man sie einmal sprengt?

Grundsätzlich ist der Vorgang, die Bücher aus dem Kosmos Verlag beim Label Europa als Hörspiele umzusetzen, dagegen so sehr eingespielt, dass es hier zu keinen Schwierigkeiten kommen wird. Wobei, ganz so harmonisch, wie es beim Blick auf die Produktwelt von *Die drei ???* den Anschein hat, ist die Zusammenarbeit zwischen den beiden Unternehmen nicht immer gewesen.

Wem gehören diese Detektive? Ein Wirtschaftskrimi

Mitte der 2000er Jahre kommt es zu einem erbitterten Streit zwischen Kosmos und Europa. Die Geschichte liest sich wie ein Wirtschaftskrimi, bietet Anschauungsmaterial für Anwälte im Bereich des Urheberrechts und erklärt, warum zwischen 2006 und 2007 acht Hörspiele unter dem ungelenken Titel *DiE DR3i* verkauft wurden, in denen die ersten zwei Detektive urplötzlich so heißen wie in den amerikanischen Vorlagen: Jupiter Jones und Peter Crenshaw. Wie ernst damals die Lage ist, zeigt eine Titelzeile im *Stern*: »Umbenennung sorgt für Aufschrei«. Seit dem Switch von Raider zu Twix, schreibt das Magazin, habe kein Namenswechsel die Nation derart erschüttert: *Die drei ???* heißen jetzt *DiE DR3i*.

Was steckt hinter der Umbenennung? Es ist gar nicht so einfach, diesen spezialgelagerten Rechtefall in aller Kürze darzustellen, dafür besitzt er zu viele Winkelzüge und zu wenige nachvollziehbare Fakten, weshalb einiges im Unklaren bleibt und schwer erklärbar ist, zumal es nur wenige Aussagen zum gesamten Vorgang gibt. Aber einen Versuch ist es wert.

Kern des Problems ist die außergewöhnliche und von niemandem vorhersehbare Entwicklung der Marke *The Three Investigators*: Robert Arthur entwickelt in den 1960er Jahren eine Jugendbuchserie, die in seinem Heimatland 1990 wegen chronischer Erfolglosigkeit eingestellt wird, die in Deutschland ab Ende der 1990er Jahre durch die Decke geht – und zwar nicht nur in Form von Büchern, sondern auch als Hörspielreihe, die das Buchgeschäft, was die Absatzzahlen angeht, weit übertrifft.

Wem also »gehört« der Erfolg? Beginnen wir ganz von vorne: Urheber der Serie ist ohne Zweifel Robert Arthur. Als er verstirbt, hat er keine Ahnung davon, wie viel die von ihm erfundene Marke einmal wert sein wird. Weshalb er seine Erbschaft nur unzureichend regelt – und dazu einen Nachlassverwalter einsetzt, der zwar ein guter Kerl ist, aber nur wenig Ahnung von der Materie besitzt. Rückblickend wirkt es fast so, als hätte Robert Arthur selbst eine kauzige Person aus dem Kosmos von *Die drei ???* generiert – die Folge *Die gefährliche Erbschaft* besitzt in diesem Sinne vielleicht sogar autobiographischen Charakter. Arthur lässt seinen Nachlassverwalter die Rechte an den Geschichten von *Die drei ???* nicht direkt an seine Kinder vergeben, sondern an die Universität von Michigan, wo er Anfang der 1930er Jahre Journalismus studierte. Er tut dies nicht, um seinen Nachwuchs zu ärgern, sondern um mit Hilfe dieser zeitlich beschränkten »Rechtespende« an eine Bildungseinrichtung zu verhindern, dass sein – so glaubt er – nicht sonderlich hohes Erbe von der Erbschaftssteuer aufgefressen wird. Bei diesem Thema ist Arthur wie viele US-Amerikaner sehr libertär eingestellt: Noch schlimmer als der Tod ist der Gedanke daran, dass nach seinem Ableben der Staat kassieren könnte. Seine Annahme, und übrigens auch die des nur mangelhaft geschulten Nachlassverwalters: Nach Ablauf einer Frist werden die Rechte an den Geschichten über *The Three Investigators* von der Universität automatisch an seine Kinder zurückgehen, und zwar mit deutlich geringerer Steuerlast.

Im Verwaltungsrat der Universität Michigan kann man mit dem ungewöhnlichen Erbe wenig anfangen, jedoch freut man sich über die regelmäßigen Schecks, die der amerikanische Verlag Random House der Hochschule wegen der Fortführung der US-Serie nach Arthurs Tod zukommen lässt. Viele Jahre lang funktioniert die Verwertungskette wie folgt: Der deutsche Verlag – die Franckh'sche Verlagshandlung bzw. ab 1990 Franckh-Kosmos und seit 1997 Kosmos – zahlt an Random House Lizenzgebühren für die deutschen Übersetzungen der Bücher sowie deren Vermarktung; seit 1979 zahlt Europa eine Unterlizenz an den Verlag, um auf Basis der Buchvorlagen die Hörspielfassungen zu produzieren.

Diese Kette scheint stabil zu sein, die Prozesse laufen routiniert. Wer sich jedoch in Wirtschaftsrecht auskennt, weiß: Fällt auch nur ein Stein, gerät das gesamte System ins Wanken. Dies passiert, als der US-Verlag Random House Anfang der 1990er Jahre Bilanz zieht. In Amerika steht die Reihe wegen stetig sinkender Abverkäufe vor dem Aus, zudem geht man zu Recht davon aus, dass es bei der Universität Michigan niemanden gibt, den das Erbe Robert Arthurs wirklich interessiert. Also wendet sich Random House an Arthurs Tochter Elizabeth, um mit ihr als Ansprechpartnerin der Erben einen Deal über die Nutzungsrechte abzuschließen, da diese laut US-Recht 28 Jahre nach der Erstveröffentlichung von der Universität Michigan an die Erben zurückgehen. Die Idee: Der Verlag verdient weiterhin gutes und bequemes Geld mit Hilfe des Lizenzgeschäfts in Deutschland. Dieser Ansatz wiederum genügt Elizabeth Arthur nicht, die sich darüber hinaus wünscht, dass die Reihe auch in den USA noch einmal neu durchstarten sollte. Denn warum sollte in den USA nicht laufen, was in Deutschland funktioniert? Der Deal zwischen ihr und Random House enthält daher eine Klausel, die besagt, dass die Buchserie in Amerika nicht eingestellt werden darf und Random House andernfalls das Nutzungsrecht verliert. Der Verlag hält diese Abmachung aber nur auf Sparflamme ein: Die frühen, von Robert Arthur verfassten Fälle kehren in überschaubaren Auflagen in die Buchhandlungen zurück. Anfang der 2000er Jahre stellt der Verlag diese Alibineuauflagen wieder ein, so dass die Rechte laut Klausel in diesem Moment an Arthurs Erben zurückgehen.

Doch dann kommt es 2004 zu einem seltsamen Geschäft: Kosmos erwirbt bei Random House alle Rechte für *Die drei ???*-Bücher, die nicht aus der Feder von Robert Arthur stammen. Irrungen und Wirrungen: Welche Rechte besitzt Elizabeth Arthur als Tochter denn nun, diejenigen an der ganzen Serie oder nur diejenigen an den Geschichten, die ihr Vater geschrieben hat? Um es noch komplizierter zu machen: Bereits 1999 sichert sich Kosmos für Deutschland die Marke *Die drei ???:* Niemand anderes darf nun ein Brettspiel oder einen Detektivkoffer auf den Markt bringen, die sich auf *Die drei ???* beziehen. Nun will sich der Kosmos Verlag bei Elizabeth Arthur als letztes Puzzlestück auch die Rechte an den Büchern ihres Vaters besorgen. Doch fühlt sich die Erbin durch dieses Angebot in die Ecke gedrängt.

Warum aus *Die drei ???* plötzlich *DiE DR3i* wurden

Auftritt des Musikkonzerns SonyBMG. Von 2004 bis 2008 ist Europa eine Tochter dieses Major-Labels, das aus der Fusion von Sony Music mit der Bertelsmann Music Group (BMG) entsteht. Dazu kommt es, weil David Miller das ursprüngliche Europa-Dachlabel Miller bereits 1969 an das Medienunternehmen MCA verkauft, von wo aus es 1989 in die BMG integriert wird. Ausgestattet mit viel Kapital nimmt SonyBMG Kontakt zu Elizabeth Arthur auf und bietet ihr eine beachtliche Summe für die Lizenz in Deutschland. Wohlgemerkt nicht für die Lizenz für *Die drei ???*, wie man sie in der Bundesrepublik bislang kennt. Sondern für die Rechte an den originalen *The Three Investigators*, wie Robert Arthur sie entworfen hat. Der Deal kommt zustande, und SonyBMG macht Ernst: Wohl aus der Befürchtung heraus, bald komplett ohne die lukrativen Juniordetektive dazustehen, stellt das Label die Zahlung von Lizenzgebühren an Kosmos ein, legt die alte Marke auf Eis und entwickelt eine neue namens *DiE DR3i*. Die etablierte alte Serie einstellen, eine neue aufbauen – klingt nach einem etwas zu ambitionierten Plan, doch SonyBMG besitzt Verträge mit den wichtigsten Trümpfen, nämlich den Sprechern der Serie. Im Oktober 2006 erscheint bei Europa der erste Fall, mit den bekannten Sprechern Oliver Rohrbeck, Jens Wawrczeck und Andreas Fröhlich sowie fast allen weiteren Stammsprechern. Gleichzeitig ist man beim Kosmos Verlag weiterhin davon überzeugt, die Rechte an *Die drei ???* zu besitzen. Daher erscheinen parallel auch neue Fälle als Bücher – die jedoch zunächst nicht von Europa als Hörspiele umgesetzt werden. Denn dort setzt man ja nun auf *DiE DR3i*. Und so werden aus langjährigen Partnern plötzlich erbitterte Konkurrenten.

Im April 2007 kommt schließlich das Oberlandesgericht Düsseldorf zu einem bemerkenswerten Urteil: Die Urheberrechte für *The Three Investigators* liegen auch weiterhin bei der Universität Michigan, wobei es keinen Unterschied mache, ob es dort jemanden gibt, der sich für die Reihe interessiert oder nicht. Und was ist mit der Frist, von der Robert Arthur angenommen hat, sie würde dafür sorgen, dass seine Kinder die

Rechte automatisch zurückerhalten? Diese laufe, so das Gericht, erst 2039 ab. Wobei die Justiz auch klarmacht, dass die Arthur-Erben bis dahin bei den vielfältigen Umsätzen aus dem Produktweltgeschäft nicht weiter leer ausgehen dürfen.

Das Urteil kommt für alle Beteiligten überraschend und steckt voller Weisheit. Indem das Gericht weder Kosmos noch SonyBMG Recht gibt, stehen die beiden Unternehmen nun vor der Aufgabe, sich zu einigen. Genügend Motivation dafür bringen sie mit, schließlich geht es darum, die Wertschöpfungskette rund um *Die drei ???* wieder instand zu setzen. Leider liegen keine Zahlen vor, die aufzeigen, ob die Hörspielverkäufe unter dem Durcheinander gelitten haben und ob auch der Buchabsatz stockte. Weil Kosmos aber plant, sein Geschäft mit der stetig wachsenden Produktwelt auszubauen, ist auch der Verlag daran interessiert, der Marke die alte Zugkraft zu geben. Zumal schnell klar wird, dass Zwangspausen und Umbenennungen dem Geschäft schaden. So kommt es im Februar 2008 zu einer Einigung, die größtenteils darauf beruht, alles so zu lassen, wie es vor dem Streit war: Kosmos verlegt die Bücher und veröffentlicht die vielen weiteren Produkte mit dem Markenlogo, Europa macht aus den Lesegeschichten Hörspiele. Welche Zahlungen hinter den Kulissen geleistet werden, welche Gelder seitdem fließen? Die Parteien hüllen sich in Schweigen. *DiE DR3i* wird zu den Akten gelegt – was zur Folge hat, dass neuwertige Kassetten oder CDs der kurzzeitigen Ersatzserie Seltenheitswert besitzen und bei E-Bay gutes Geld einbringen.

Und so endet dieser juristische »Metafall« von *Die drei ???* mit einem für diese Serie typischen versöhnlichen Finale. Zeugnis vom Konflikt legt aber weiterhin ein Satz ab, der seitdem im Impressum der Bücher steht: »Mit freundlicher Genehmigung der Universität Michigan.«

... und täglich grüßt ein neuer Fall – Geschichten aus der permanenten Gegenwart

Jeder Fall könnte der erste sein – und am Ende bleibt alles, wie es ist: *Die drei ???* sind wie Goldfische im Glas, für die jede Perspektive immer wieder neu zu sein scheint.

Das Prinzip von *Die drei ???* funktioniert in der Regel so: Jeder Fall wird gelöst – und zu Beginn des nächsten ist alles wieder wie vorher. Die Figuren altern nicht, gewinnen keine Erfahrungen hinzu. Es gibt kaum Alltag, weder in der Schule noch zu Hause. Die Ferien sind nur dazu da, Zeit für Ermittlungen zu haben. In den Urlaub fahren die Jungen eigentlich nie. Und wenn doch, dann damit sie woanders ihrer Arbeit nachgehen können. Alles was ihnen und den anderen Figuren passiert, hat mit dem Fall zu tun, den es zu lösen gilt. Stürzt Tante Mathilda von der Leiter, dann dient dieses Unglück dem Fortgang des Falls. Die drei ??? sind gefangen in der Dauerschleife ihrer Ermittlungen. Wobei jede von ihnen singulär zu betrachten ist: Es spielt keine Rolle, was in der vergangenen Folge passiert ist oder was in Zukunft passieren wird, die drei ??? agieren in einem zeitlich und logisch begrenzten Raum. Sie lösen ihren Fall. Aber sie erreichen dadurch kein höheres Level. Sie erhalten kein Geld, werden nicht klüger, verändern ihre Sicht auf die Dinge nicht. Ihr Status quo ist immer gleich.

Unendliche Ferien

Sisyphos leidet unter dem Problem, dass ihm der Stein immer wieder vom Berg herunterrollt. Trotzdem, so Albert Camus, solle man ihn sich als einen glücklichen Menschen vorstellen. Justus, Peter und Bob dagegen stecken in einer Zeitfalle, verbunden mit einer Amnesie. Und auch für sie gilt: Man darf sie sich als glückliche Menschen vorstellen.

Der zeitliche Rahmen der Erzählung ist bei *Die drei ???* in der Regel so angelegt, dass die Ermittlungsarbeit möglichst reibungslos vonstattengehen kann. Was dazu führt, dass sehr viele Episoden (ähnlich wie bei *Fünf Freunde*) in den Ferien spielen – übrigens ein Unterschied zu den Kollegen von *TKKG*, wo das Internat, in dem Tim und Willi leben, häufig Teil der Storys ist. Die drei ??? dagegen werden von Schulstress und anderen zeit- und nervtötenden Banalitäten des Alltags in der Regel verschont, damit sie sich voll auf die Ermittlungsarbeit konzentrieren können. Wenn sie mal für ein paar Dollar Rasenmähen, für einen Musikproduzenten tätig sind oder ein Filmteam unterstützen, dann weil sich aus diesen Jobs heraus eine Rampe für den folgenden Fall ergibt. Ansonsten wird das Leben der drei ??? von einer beneidenswerten Freiheit bestimmt, von der wir deutschen Kassettenkinder nur träumen konnten. Ein wenig fühlt man sich an Fußballprofis erinnert. Für sie gilt: »Nach dem Spiel ist vor dem Spiel – und der nächste Gegner ist immer der schwerste.« Bei *Die drei ???* heißt es: »Nach dem Fall ist vor dem Fall – und der nächste Verbrecher der gerissenste.«

Solche Erzählungen aus der permanenten Gegenwart bilden einen Gegenpol zum literarischen Genre der Bildungs- und Entwicklungsromane. Zu diesen zählen etwa *Der Fänger im Roggen* von J.D. Salinger (1951), Hermann Hesses *Demian* (1919), *Tschick* von Wolfgang Herrndorf (2010) oder Sven Regeners *Neue Vahr Süd* (2004): Am Ende dieser Romane ist aus Sicht der jeweiligen Figuren für immer alles anders. Die Protagonisten sind nach der letzten Buchseite nicht mehr diejenigen, die sie zu Beginn der Geschichte gewesen sind. Weil das Ende der Geschichte eine Wendung parat hält, die es den Helden unmöglich macht, noch einmal dorthin zurückzugehen, wo der Roman seinen Anfang genommen hat. Am Ende jeder *Die drei ???*-Folge kann man sich dagegen sicher sein, dass zu Beginn der folgenden Episode eine Rückkehr zum Ausgangspunkt stattfinden wird. Zu Beginn des nächsten Falls ist es also wieder so, wie es immer war – ein Prinzip, das die allermeisten Leser und Hörer als ungemein beruhigend empfinden. Schließlich mögen die meisten Menschen den Wandel nicht, weil in ihm die Unsicherheit angelegt ist. *Die drei ???* sind als Buch seit mehr als 50, als Hörspiel seit mehr als 40 Jahren eine sichere Bank. Eine Konstante, auf die man sich verlassen kann. Und das ist in einer Welt, die von Komplexität, Zweideutigkeit und Unsicherheit geprägt ist, ein sehr attraktives Angebot.

Auf das Prinzip der permanenten Gegenwart trifft man in der Unterhaltungsindustrie überall dort, wo sie erzähltechnisch problemlos erzeugt werden kann. Zum Beispiel bei Animationsserien und Cartoons, dort also, wo gezeichnete oder am Computer gestaltete Figuren den Alterungsprozessen entkommen. Asterix und Obelix schlagen sich ohne Kraftverlust durch römische Garnisonen. Bei den Simpsons bleibt Bart auf ewig der aufmüpfige Zehnjährige, während Homers Horizont auch nach mehr als 700 Folgen kaum über die nächste Dose Duff-Bier hinausreicht. Selbst wenn Homer 1996 zum Ende der 24. Folge der siebten Staffel, *Homer auf Tournee*, als »lebende Kanonenkugel« auf Rockfestivals zu landesweitem Ruhm kommt, mit diesen Stunts aber seine Gesundheit ruiniert, dann sind diese eine Folge lang alles erschütternden Ereignisse zum Start der Episode 25 vollständig aus dem Seriengedächtnis gelöscht.

Tricks gegen das Altern

Fernsehserien mit Schauspielern tun sich mit Erzählungen aus der permanenten Gegenwart logischerweise schwer, schließlich altern die Menschen vor der Kamera, was sich nach einer bestimmten Anzahl von Jahren nicht mehr kaschieren lässt. Einige Reihen bedienen sich Tricks: Der britische TV-Dauerbrenner *Dr. Who* oder die *James Bond*-Filmreihe tauschen alle paar Jahre die Hauptdarsteller aus, die Science-Fiction-Saga *Star Trek* bringt immer wieder neue Generationen in den Weltraum. Fernsehseifenopern wie die britischen Formate *Coronation Street* oder *EastEnders* oder in Deutschland *Gute Zeiten, schlechte Zeiten* und bis zu ihrem Finale auch die *Lindenstraße* preisen das Altern und Sterben ihrer Figuren in die Geschichten ein – hier ist man als Zuschauer beim Lauf der Dinge dabei. Auch das kann tröstlich sein – bis zu jenem Moment, in dem eine Figur aus der Serie verschwindet.

Auch an der Hörspielserie *Die drei ???* sind Menschen beteiligt, die älter werden. Aber man sieht sie nicht, man hört sie nur. Erstens lässt sich das Ohr leichter täuschen als das Auge, zweitens sorgt die Sprechkunst von Oliver Rohrbeck, Jens Wawrczeck und Andreas Fröhlich dafür, dass die permanente Gegenwart auch nach mehr als 40 Jahren aufrechterhalten wird. Die drei Hauptsprecher verstehen ihr Handwerk, sie erzeugen mit ihren Stimmen die Illusion einer ewigen Jugend. Selbst die jüngeren Kinder, die heute die Serie neu entdecken und die lange Historie von *Die drei ???* nicht kennen, erliegen dieser akustischen Täuschung, nur die allerwenigsten kommen beim Hören auf die Idee, es hier mit Männern zu tun zu haben, die auf die 60 zugehen und damit theoretisch ihre Großväter sein könnten.

Ein sehr deutsches Phänomen

Zwar stammen viele der bekanntesten Formate, die sich der permanenten Gegenwart bedienen – wie etwa *Die Simpsons* oder *Die drei ???* – ursprünglich aus den USA. Jedoch sind diese beiden Serien gerade in der Bundesrepublik besonders erfolgreich – wie auch der ewig junge *Asterix* oder die zeitlosen Geschichten aus Entenhausen, die von den in Deutschland besonders aktiven Donaldisten mit großem Ernst analysiert werden. Kann es sein, dass die Deutschen eine besondere Vorliebe für das Prinzip der permanenten Gegenwart haben?

Schnell finden sich einige Indizien. Im trostlosen pandemischen Herbst 2021 zaubert das ZDF noch einmal Thomas Gottschalk auf die *Wetten, dass..?*-Bühne, der in einem märchenhaften Gewand und blonden Locken eine optische Zeitlosigkeit ausstrahlt, die dafür sorgt, dass sich Millionen Zuschauer augenblicklich beruhigt fühlen. *Wetten, dass..?* mit Thomas

Gottschalk – das ist die permanente Gegenwart im Gewand einer großen Samstagabendshow, die es in dieser Form nur in der Bundesrepublik gibt und die zwei Stunden lang suggeriert, dass einige Dinge dem Strudel der Veränderung entkommen: Gottschalk und seine Sprüche, Wetten mit schwerem technischem Gerät, Udo Lindenberg.

Den deutschen Hang zur permanenten Gegenwart entdeckt man auch in der Politik. Es ist kein Zufall, dass Helmut Kohl und Angela Merkel jeweils 16 Jahre lang die Regierung führten, also jeweils fast 6000 Tage. Insbesondere die melancholischen letzten Tage der Kanzlerschaft von Angela Merkel zeigen darüber hinaus, dass vielen Deutschen das Abschiednehmen schwerfällt. Selbst Wähler, die wenig mit der CDU zu tun haben, verkünden in den sozialen Medien, sie würden die Kanzlerin vermissen. Und am Ende gewinnt Olaf Scholz, der kurz vor der Wahl die Merkel-Raute auf dem Titelbild des *SZ-Magazins* nachahmt. Viele nennen Angela Merkel zum Abschied noch einmal »Mutti« – eine verräterische Bezeichnung, denn wenn eine menschliche Beziehung von der permanenten Gegenwart geprägt ist, dann das Verhältnis zwischen Mutter und Kind. Die Deutschen können sich offensichtlich nur schwer von dem Gefühl der permanenten Gegenwart trennen, das Angela Merkel als Kanzlerin vermittelt hat. Der Kölner Psychologe und Marktforscher Stephan Grünewald hat dieses Phänomen in einem Interview mit der *Frankfurter Allgemeinen Zeitung* bereits 2016 wie folgt begründet:

> Die Menschen glauben, die Zukunft kann nur schlimmer werden. Dadurch entsteht eine Sehnsucht nach permanenter Gegenwart, man will das Paradies konservieren. Bundeskanzlerin Angela Merkel war lange ein Garant für die

> permanente Gegenwart […]. Sie sagte immer, sorgt euch nicht, ich führe euch nicht in eine unsichere Zukunft. Die Raute war das Symbol für eine fürsorgliche Umgrenzung der Republik.

Nimmt man Stephan Grünewald beim Wort, verwundert es nicht, dass eine Reihe wie *Die drei ???* in Deutschland eine solche Dauerbeliebtheit besitzt. Ihr Prinzip der permanenten Gegenwart fällt hier auf einen besonders fruchtbaren Boden. Zumal in einer Zeit, in der viele Menschen, wie Stephan Grünewald schreibt, davon ausgehen, dass die Zukunft wenig Gutes bereithalten werde. »Ihr sollt es später einmal besser haben« – diesen Satz, den wir Kassettenkinder in den 1980er Jahren von unseren Eltern gehört haben, hört man heute in Deutschland kaum noch. Wie auch, wenn das Dickicht aus Konflikten, Krisen und Kriegen die Aussicht auf eine gute Zukunft verdeckt?

Unsichere Zeiten führen zu *Die drei ???*

Interessant ist, dass es zwischen unserer krisenbehafteten Gegenwart der frühen 2020er Jahre und den 1980er Jahren, in denen den *Die drei ???* mit den Europa-Hörspielen der kommerzielle Durchbruch gelingt, erstaunliche Parallelen gibt. Atomangst und Kalter Krieg, Tschernobyl und Reaganomics, Hungerkatastrophen und Aidspandemie – das Zeitgeschehen liegt auch damals bleiern über dem Alltag, in Deutschland, Europa, den USA. Die Popkultur der 1980er Jahre reagiert darauf verstärkt mit eskapistischen Angeboten, und nichts funktioniert in dieser Hinsicht so gut wie Erzählungen aus der Per-

Die drei ??? und die Digitalisierung

Schon in der ersten Hörspielfolge *Der Super-Papagei* wird die legendäre Methode der »Telefonlawine« eingeführt, eine Art Retweettechnik aus dem Zeitalter der Wählscheibentelefone, die Justus im Hörspiel so erklärt: »Jeder von uns ruft zehn bis zwölf Freunde und Bekannte an, und die sollen dann wiederum ihre Freunde befragen.« In der Hörspielfolge 104 *Gift per E-Mail* (2002) wird die analoge Kommunikationskette dann erstmals durch eine »E-Mail-Lawine« ersetzt: »Wir mailen einfach das Foto und diese Zeichnung an fünf Freunde und Freundinnen, mit der Bitte, es wiederum an fünf Freunde weiterzusenden.« Der erste Computer taucht 1985 in der Folge 42 *Der weinende Sarg* auf, Bob nutzt ihn zur Recherche. Der Auftraggeber des Falls, Michael Cross, sagt im Hörspiel voller Bewunderung: »Wie du mit dem Computer umgehen kannst, toll!« In Folge 63 über die *Fußball-Gangster* investieren die drei ??? 1995 in neue technische Geräte für ihr Detektivbüro. Peter stellt dazu fest: »Nach der Anschaffung des Faxgerätes und des Mobiltelefons herrscht in unserer Kasse ganz schön Ebbe.« Das Internet wiederum erlebt seine Premiere 1998 im Fall 80 *Geheimakte Ufo* (als Buchtitel: *Geheimsache Ufo*): Justus nennt das »Stichwort: Internet«. Peter

spektive einer permanenten Gegenwart. In den Kinos laufen *Zurück in die Zukunft* (1985, R: Robert Zemeckis) und *Die Goonies* (1985, R: Richard Donner), *Stand by Me* (1986, R: Rob Reiner) und *Ferris macht blau* (1986, R: John Hughes) – Jugendfilme, die aber längst nicht nur von jungen Menschen gesehen werden. Was diese Filme eint: Sie verzichten darauf, die kann damit nichts anfangen, und Justus erklärt diese Neuheit im Hörspiel im Stil eines sprechenden Lexikons: »Das Internet ist ein weltweites Computernetzwerk, mit dessen Hilfe man so ziemlich alles, was man will, erfahren kann.« Justus sagt, er habe sich ein Modem gekauft und auch schon ein bisschen »gesurft« – was Peter und Bob jedoch nicht weiter interessiert.

Ende der 1990er und Anfang der 2000er Jahre widmen einige Autoren den neuen digitalen Techniken spezielle Fälle. Die Geschichte *Vampir im Internet* spielt 1999 größtenteils in der virtuellen Realität eines Videogames, der Fall *Das Hexenhandy* thematisiert 2001 das gigantische Geschäft mit Handyklingeltönen, die Story *Codename: Cobra* führt 2004 in die Welt der Nerds und Hacker. Seitdem sind spezielle Computer- und Digitalfolgen seltener geworden, die meisten Fans goutieren das: Zum Prinzip der permanenten Gegenwart passt es besser, wenn technische Entwicklungen nicht allzu präsent sind. Zur Wahrheit gehört, dass alles, was heute neu ist, morgen alt sein wird. Hinzu kommt, dass es schrecklich nervt, wenn Justus Jonas selbst die Passwörter ihm kaum bekannter Personen nach spätestens drei Versuchen knackt.

bedrohlicher werdende Gegenwart zu thematisieren. »Vielmehr bildeten diese Jugendfilme das popkulturelle Gegengewicht zu einer oft bedrohlichen Wirklichkeit. Sie pendelten diese Ängste und Sorgen aus, waren die andere Seite der Waagschale: naiv, sehnsüchtig und eskapistisch«, schreibt der deutsch-schweizerische Schriftsteller Benedict Wells (*1984) in seinem Essay »Heimweh nach dem Ort, den es nie gab«, den er 2022 für die *Neue Zürcher Zeitung* verfasst hat. Wie *Die drei ???*, so konstruieren auch diese Filme eine losgelöste Gegenwart, in der junge Figuren etwas erleben, was eigentlich der Erwachsenenwelt vorbehalten ist. Eine Leiche ausfindig zu machen wie in *Stand by Me*. Es mit einem Immobilienhai aufzunehmen wie in *Die Goonies*. Oder eben: detektivische Ermittlungsarbeit aufzunehmen wie die drei ???.

Bei Merkmalen wie der Erzählstruktur, Sprache oder Figurenbeschreibung machen es sich diese Stoffe aus den 1980er Jahren sehr einfach, stellt Benedict Wells fest: »Hier sucht man Zwischentöne fast immer vergebens.« Gezeigt werden Klischees. Aber: Klischees sind es nur für Erwachsene. In den Augen der Jungend passiert das alles zum ersten Mal. Was diesen Erzählungen daher fehle, sei Ironie, Zynismus. Das Einzige, was zähle, sei der gegenwärtige Moment. Es ist einfach, sich später über *Ghostbusters – Die Geisterjäger* (1984, R: Ivan Reitman) oder *Die Goonies* (1985) lustig zu machen, über den *Karpatenhund* und den *Ameisenmensch*. Aber in dem Augenblick, in dem man diese Geschichten hört, ist man in ihren Zeitkapseln eingeschlossen. Man steckt unweigerlich drin in dieser permanenten Gegenwart. Dazu eine ironische Distanz aufbauen? Verdirbt den Spaß.

Kein Mord, kein Totschlag – aber Happy Endings

Das Prinzip der permanenten Gegenwart sorgt dafür, dass bislang in lediglich einer einzigen Folge eine Verbrecherfigur zu Tode kommt. Der ruchlose Ranchbesitzer Dusty Rice stirbt am Ende der Geschichte *Der riskante Ritt* (52) durch einen Lavastrom, die Reaktion von Justus, Peter und Bob auf den Tod ist eher nüchtern; beim Lesen und Hören merkt man, dass der Tod und die drei ??? nicht sehr gut zusammenpassen.

Zwar bekommen es die drei ??? in den Geschichten häufig mit angedrohter Gewalt und Entführungen zu tun, ernsthaft zu Schaden kommen sie jedoch fast nie. Im fünften Fall *Der Fluch des Rubins* steht im Hörspiel kurz der Verdacht im Raum, die sinistre Figur des Rhandur habe einen »Herren mit schwarzem Bart« mit einem Messer erstochen – und den drei ??? könnte es ähnlich ergehen. Das Indiz: Es ist noch Blut an der Klinge. Peters Schlussfolgerung im Hörspiel (das Buch lässt diesen Suspensemoment aus): »Er hat Schwarzbart umgebracht und ihm den Stein abgenommen, er hat kaltblütig gemordet.« Warum sich die drei ??? an dieser Stelle nicht pflichtbewusst an die Polizei wenden? Justus findet dafür einen logischen Grund: »Wir haben keine Beweise. Und ohne Beweise glaubt man uns nicht.« Ganz falsch liegt er nicht: Im weiteren Verlauf der Geschichte taucht Schwarzbart wieder auf.

In der Folge *Stimmen aus dem Nichts* wird Justus Opfer eines Streifschusses, im Fall um die *Comic-Diebe* wird Peter bei einem Kampf vom Balkon gestoßen, fällt dabei jedoch in einen Pool, woraufhin Justus das Unglück im Hörspiel mit einem erstaunlich abgeklärten Spruch kommentiert: »Er ist in den Swimmingpool gefallen. In voller Kleidung – das gibt Ärger.« Brenzliger ist die Situation in der Geschichte *Der Mann ohne Kopf*: Die verbrecherische Amy Scream hat die Absicht, Justus, Peter und Bob mit einer Kohlenmonoxidvergiftung aus dem Weg zu räumen, indem sie den Motor eines Transporters in einer verschlossenen Garage laufen lässt. Die Szene endet mit den verzweifelten Juniordetektiven, die sich hustend und mit geröteten Augen auf dem Boden wälzen. Es folgt Musik – und schließlich die Erlösung, wenn der Erzähler Thomas Fritsch im

Hörspiel zu berichten weiß: »Als Justus die Augen öffnete, fand er sich in einem Bett wieder.« Und zwar in einem Dreibettzimmer. »Und wer lag in den zwei anderen Betten?« Ende gut, alles gut. Wie eigentlich immer in der Welt von *Die drei ???*.

Das Happy End ist die Regel, und kommt es zu Ausnahmen, spalten diese die Fangemeinde. Ein Beispiel gibt die Folge 193 über *Die Zeitreisende:* Das Ende bleibt offen (mehr wird an dieser Stelle nicht verraten), der berühmte finale Monolog des Ersten Detektivs, in dessen Verlauf er im Stil von Sherlock Holmes mit allen vermeintlichen Rätseln und Spukgeschichten aufräumt, bleibt in dieser von André Minninger erzählten Story aus – stattdessen steht am Ende des Hörspiels eine überraschende Erkenntnis von Justus Jonas: »Eine plausible Antwort kann ich dir auch nicht geben.« Einmalig ist diese Ratlosigkeit am Ende eines Falls jedoch nicht: Bereits in Folge 14 *Das Bergmonster* bleibt über das Ende hinaus unklar, um was für ein Wesen es sich denn nun handelt, das oben in den Bergen sein Unwesen treibt.

Risse in der permanenten Gegenwart

Viele Jahre lang gilt für *Die drei ???*-Autoren das Dogma, dass kein neuer Fall auf einem alten aufbauen dürfe. Selbst eine Folge wie *Späte Rache* (69), die davon handelt, dass sich ein von den Detektiven entlarvter Verbrecher an Justus, Peter und Bob rächt, bringt einen Täter auf die Agenda, der vorher nicht in einer Geschichte aufgetaucht ist. Fans der Serie sprechen von einer verpassten Chance: Wie großartig wäre ein Wiedersehen mit dem einzigartigen Gabbo aus *Die Schwarze Katze*, der

Gräfin aus den *Rätselhaften Bildern* gewesen? Doch viele Jahre lang gilt es, solche Momente zu vermeiden. Insbesondere um zu verhindern, dass Käufer der Bücher oder Hörspiele den Eindruck gewinnen könnten, man müsse bei bestimmten Folgen die Vorgeschichte kennen. Das Erzählprinzip der permanenten Gegenwart folgt also auch marketingtechnischen Überlegungen, es gilt das Leitmotiv: Egal wann und mit welcher Folge man einsteigt – man findet genauso schnell in den Fall wie die Stammkundschaft.

Seit Ende der 1990er Jahre jedoch erlaubt sich die Serie, diesem Dogma Risse zu geben. Offensichtlich wird das erstmals in der Folge *Poltergeist* (73) von André Marx, einem Fall, der für viele Fans das große qualitative Comeback der Serie kennzeichnet. Im Finale mit ein paar echten Überraschungsmomenten zeigt sich eine direkte Verbindung dieses Falls mit einem anderen aus der Vergangenheit. Es scheint, als habe *Poltergeist* den Bann durchbrochen, denn seitdem nehmen sich die Autoren dann und wann das Recht, auf ältere Charaktere und Ereignisse zurückzugreifen. So lässt Autor Ben Nevis in Folge 152 *Skateboardfieber* (2010) die Figur des Bert Young wieder auftauchen, die schon in *Die Silberne Spinne* eine Rolle spielt, einer Folge, die Robert Arthur 1967 schrieb. Zur 200. Folge *Feuriges Auge* gönnt sich André Marx ein Wiederlesen und Wiederhören mit August August, dem Auftraggeber der drei ??? aus der Klassikerfolge *Der Fluch des Rubins.* Der Klient ist nicht nur wegen seines Namens eine bemerkenswerte Figur: Weil er durch die Ermittlungsarbeit von Justus, Peter und Bob großen Reichtum erlangt, bedankt er sich bei den drei Detektiven mit einer lebenslangen Rolls-Royce-Miet-Flatrate, Chauffeur Morton inklusive.

Schluss jetzt!

Alles hat ein Ende – selbst *Die drei ???*-Reihe wird an einen Punkt kommen, an dem es nicht mehr weitergehen wird. Es ist eine Kunst, für eine lang laufende Serie ein Finale zu gestalten, das den Fans gefällt. Drei Vorschläge für ein Ende, nach dem keine Fragen offen bleiben. Oder eben doch.

Die jüngsten Ermittlungsjahre 2022 und 2023 stehen mal wieder im Zeichen des Todes und des Diabolischen. Band 224 begibt sich auf die *Spur der Toten*, die Nummer 228 widmet sich dem *Tag der Toten*. Band 218 führt auf die *Teufelsklippe* Nummer 219 erzählt vom *Manuskript des Satans*. Eine Teufelsklippe taucht übrigens zuvor schon einmal auf, im Fall 156 *Im Netz des Drachen*. Solche unfreiwilligen Doppelungen sind ein Anzeichen dafür, dass die Autoren der Reihe nach so vielen Jahren und Fällen vor dem verständlichen Problem stehen, langsam, aber sicher an die Grenze der mysteriös-gruseligen Begrifflichkeiten zu stoßen. Was hilft, sind neue Kombinationen. So erscheint ebenfalls 2022 der Sonderfall zum Mitraten über *Die Gefängnisinsel*, da geraten selbst faktensichere Fans kurz ins Grübeln, ob es zwischen den Geschichten von der *Geisterinsel* und der *Toteninsel* nicht auch schon einmal eine Folge auf einer

Gefängnisinsel gab ... Oder verwechselt man das mit dem Fall *Die Schmugglerinsel*, dem sich die drei ???-Kids widmen?

Im Jahr 2025 wird Oliver Rohrbeck seinen 60. Geburtstag feiern, und der Tag wird kommen, an dem seine Justus-Jonas-Stimme das Gefühl der permanenten Gegenwart nicht länger aufrechterhalten kann. Ob es dann zu einer Neubesetzung kommt (wie es bei der *TKKG*-Konkurrenz seit den 2010er Jahren schleichend passiert, was auch daran liegt, dass mit Veronika Neugebauer die erste Originalsprecherin 2009 verstarb)? Möglich wäre auch ein weiterer Alterssprung, der die Geschichten ins Erwachsenenalter transferiert – die Graphic Novel *Rocky Beach* zeigt, wie das gelingen kann. Klar ist, dass sie irgendwann geschrieben, eingesprochen und veröffentlicht sein wird, die letzte Hörspielfolge von *Die drei ???*. Möglich wäre es natürlich, die Buchreihe auch ohne Audioumsetzung fortzuführen. Die Frage ist, ob sich das rechnet.

Wie die Serie enden wird? Wahrscheinlich mit einem finalen Gag und einem darauffolgenden kollektiven Lachanfall, wie er bei den Hörspielen der Reihe seit einigen Jahren üblich ist. Ob es davor zu einer finalen Pointe kommt? Vielleicht sogar zu einer sensationellen Wende, einem Aha-Effekt, der den Fans der Serie die Schuhe ausziehen wird?

Ende nicht gut, gar nichts gut

Die Erwartungen sind hoch, aber wir sollten sie dämpfen. Die Geschichte der »großen« Serienenden zeigt nämlich: Häufig genug bleibt am Ende vor allem Enttäuschung übrig. Beim hektischen und moralisch fragwürdigen Ende von *Game of Thrones* starteten erboste Fans sogar eine Petition, um die

Skriptautoren zu bewegen, ein alternatives Finale zu erschaffen (2019). *The Sopranos*, eine der wirkungsmächtigsten Serien aller Zeiten, bietet eine Einstellung, in der Tony Soprano mit seiner Familie in einem Diner-Restaurant zu Abend isst, bis eine schattige Gestalt auftaucht, zu der Tony aufblickt, bevor der Bildschirm schwarz wird – ein Ende, das die Fangemeinde, milde gesagt, gespalten hat (2007). Die Sitcom *Seinfeld* hält neun Staffeln lang ein exzellentes Niveau, verkorkst aber ihr Ende komplett, weil es in der selbst ernannten »show about nothing« im Finale zu einer moralisch-juristischen Abrechnung vor Gericht kommt, die weder lustig ist noch mit ihrer moralischen Fallhöhe dem Charakter der Serie gerecht wird (1998). Um das fehlerhafte Finale zu reparieren, trommelt *Seinfeld*-Co-Erfinder Larry David einige Jahre später im Rahmen seiner Comedyserie *Curb Your Enthusiasm* (auf Deutsch »Lass es, Larry!«, für Bastian Pastewka eine wichtige Vorlage seiner Serie *Pastewka*) das alte Ensemble noch einmal zu einer fiktiven Reunion zusammen. Ein Trick, der *Seinfeld* zumindest ein angemessenes Metaende gibt.

Um ein solches Desaster zu verhindern, an dieser Stelle drei Ideen, wie er ausgehen könnte, der letzte Fall der drei ???, im Buch wie auch im Hörspiel.

Ende eins: Die große Versammlung

Die Frage, was passieren würde, wenn Justus, Peter und Bob noch einmal auf die vielen kleineren und größeren Verbrecher träfen, die sie in ihren Fällen vor Gericht gebracht haben, beschäftigt die Fans seit vielen Jahren. Diese Storyline nutzt die Autorin Brigitte Johanna Henkel-Waidhofer bereits 1996 in der Folge *Späte Rache*, wobei der Rächer und die anderen Verdächtigen keine Figuren sind, die man aus alten Folgen kennt.

Noch zu ziehen ist damit die Option, legendäre Missetäter und Missetäterinnen aus früheren Geschichten zurückkehren zu lassen. Janet Wells alias Melody wäre eine Möglichkeit, die betrügerische Assistentin der Kunsthistorikerin Lou Ann Arroway in der Folge *Botschaft von Geisterhand*. Oder Mrs. Chumley, der nur scheinbar gelähmten Teilzeitvogelscheuche aus *Der Ameisenmensch*. Oder Professor Shay alias Java-Jim aus *Der Phantomsee*. Oder Ed Snabel aus *Der Unsichtbare Gegner*, der Peters Opa auf den Nerv geht und schließlich als Spion und Verräter enttarnt wird – mit ihm wäre sogar ein Finale in *James Bond*-Dimensionen vorstellbar.

Eine solche Ansammlung der Superverbrecher führt jedoch zu zwei Problemen. Das erste betrifft die Hörspielfassung des Falls: Viele Sprecherinnen und Sprecher der legendären Charaktere leben leider nicht mehr. Ersatz dagegen schmälert das Vergnügen. Das zweite Problem: Der Erwartungsdruck der Fans bei einer solchen Mega-Story wäre enorm. Welcher Autor würde sich trauen, sich dieses Endes anzunehmen? Bleibt die kleine Variante dieser Abschlussversion: ein letzter gemeinsamer Auftritt von Victor Hugenay und Clarissa Franklin. Während der Meisterdieb wie gewohnt Justus in den Bann schlägt, vernebelt die Psychologin erneut den Geist von Bob. So dass es am Ende Peter ist, der unterschätzte Zweite, der den finalen Fall mit einem verblüffenden Schachzug löst.

Die letzten Worte im finalen Hörspiel, gesprochen von Justus Jonas:

»Ausgerechnet Peter!« (schallendes Abschlusslachen)

Ende zwei: Der große Streit

Es gibt einige Folgen der Reihe, in denen einer der drei Detektive selbst in Verdacht gerät. In der Folge *Musik des Teufels* zum Beispiel vermuten die Kollegen, Bob hätte sich unter Drogen gesetzt, im Fall *Die Teufelsklippe* gerät Peter unter Mordverdacht, und während er im Verhörraum der Polizei brütet, übernehmen Justus und Bob die Ermittlungsarbeit, um ihren Kollegen zu entlasten. Bei der Auflösung dieser Fälle wird alles wieder geradegerückt. Umso interessanter wäre es, im Finale eine Geschichte zu erzählen, die dazu führt, dass sich die drei Detektive am Ende tatsächlich unversöhnlich gegenüberstehen. Weil einer die beiden anderen verrät. Oder einer eine Entscheidung trifft, die von den anderen aus ethischen Gründen geächtet wird. Angedeutet wird das Potential eines solchen Konflikts in der Folge *Das leere Grab*, in der Justus seine Kollegen belügt und sich allein auf den Weg nach Venezuela macht, um dem Gerücht nachzugehen, seine mutmaßlich bei einem Flugzeugabsturz verstorbenen Eltern lebten noch. Oder in der Story *Das Erbe des Meisterdiebs*, in der es Justus aus Herzensmotiven heraus in Kauf nimmt, dass seiner moralischen Integrität Kratzer zugefügt werden.

Wie wäre es also zum Abschluss mit einem Fall, der die Freundschaft der drei ??? an die Grenze führt? Ein Verrat im großen Stil? Der Vorteil: Ein solches Finale würde direkt in die Graphic Novel *Rocky Beach* überleiten, die das Erwachsenenleben der zerstrittenen Ex-Freunde skizziert.

Die letzten Worte im finalen Hörspiel, gesprochen von Justus Jonas:

»Und jetzt haut endlich ab!« (niemand lacht)

Die Autorenschaft von *Die drei ???* wäre im Zweifel nicht das erste Schreibkollektiv, das zwar sehr gut weiß, wie es immer und immer weitergehen kann – aber nicht, wie das Ganze einmal enden soll.

Was also tun, wenn die zündende Idee ausbleibt und man nicht ins Risiko gehen will, durch ein verpatztes Ende die gesamte Reihe zu verfälschen? Man wird absurd!

Wie das geht, erfährt man bei Helge Schneider, der in seinen Romanen und Filmen über *Kommissar 00 Schneider* seit 1993 sehr gewinnbringend aufzeigt, wie sich zwei Dutzend Handlungsfäden so auflösen lassen, dass am Ende zwar ein dickes Knäuel auf dem Boden liegt, man sich aber dennoch bestens unterhalten fühlt. Anschauungsunterricht für absurde Enden gibt auch die Serie *Twin Peaks* (1990–1991, 2017), geschrieben von David Lynch und Mark Frost. Dort gibt es – nach der eigentlichen Auflösung des Falles, für die sich Lynch und Frost allerdings gar nicht groß interessieren – eine Reihe weiterer verwirrender Handlungsstränge mit rückwärtssprechenden Kleinwüchsigen an alptraumhaften Unorten, bevor ganz am Ende das Böse Besitz vom Guten nimmt.

Wie also könnte ein absurdes Ende von *Die drei ???* aussehen?

Es beginnt damit, dass der *Seltsame Wecker* schreiend zurückkehrt. Sein Schrillen kommt aus dem Inneren des gläserneren *Karpatenhundes*, der von einem *Tanzenden Teufel* auf einer *Flammenden Spur* getragen wird, gefolgt von einer Parade des Grauens: *Ameisenmenschen*, *Singende Schlangen*, *Lachende Schatten*, *Flüsternde Mumien* und *Sprechende Totenköpfe*. Die drei Detektive flüchten vor dieser grauenvollen Karawane, erreichen ihre Zentrale, die plötzlich dunkel und kalt wie eine *Silbermine* wirkt. Justus sagt, er müsse sich nun erst einmal eine Handvoll kaltes Wasser übers Gesicht laufen lassen, um zu wissen, dass er nicht träume. Er geht auf die Toilette, erkennt, dass der Spiegel zu einem *Zauberspiegel* geworden ist, in dessen Innerem ein *Grüner Geist* schimmert. Wen aber sieht er dort im Spiegel, sich selbst oder seinen *Doppelgänger*? Als er sich näher betrachten will, erkennt er sich plötzlich als entstelltes *Narbengesicht*! Justus will schreien, da öffnet sich die Toilettentür, Peter erscheint, sein Kopf auf dem Körper einer *Silbernen Spinne*, Bob folgt ihm, sein Haupt auf dem Körper einer *Schwarzen Katze*. Wie sie da zu dritt und entstellt im engen Raum zusammenstehen, bildet sich um das Trio herum ein *Magischer Kreis*, in den sie von einem geheimnisvollen Sog hineingezogen werden. Der Kreis offenbart sich als tiefer Brunnen, an dessen Grund sich ein *Phantomsee* auftut. Willenlos lassen sich die drei ??? fallen, zu hören ist nun nur noch das einsame Krächzen des *Super-Papageien* …

Die letzten Worte, gesprochen von Justus Jonas:

»Ich gebe zu, dass mich die letzten Ereignisse ziemlich mitgenommen haben. Wir müssen versuchen, unsere Ermittlungen mit der gebotenen rationalen Distanz fortzusetzen, ohne uns von seiner phantasmagorischen Tendenz blenden zu lassen!« (ein großer Platsch)

(zitiert aus dem Hörspiel zur Sonderfolge *Der dreiTag*)

Lektüre- und Hörtipps

Zum Weiterlesen

Bastian, Annette: Das Erbe der Kassettenkinder: … ein spezialgelagerter Sonderfall. Brühl 2003.

Baumann, David / Smolinske, Seth: ??? The Three Investigators. https://pdfcoffee.com/qdownload/the-three-investigators-pdf-free.html

Bonner, Stefan / Weiss, Anne: Wir Kassettenkinder: Eine Liebeserklärung an die Achtziger. München 2016.

Doyle, Arthur Conan: Die Abenteuer des Sherlock Holmes. Stuttgart 2020.

Krug, Hans-Jürgen: Kleine Geschichte des Hörspiels. Köln 2020.

Rodenwald, C. R.: Die Welt der drei Fragezeichen. München 2017.

– Die drei ??? und die Welt der Hörspiele. München 2020.

Schwamberger, Johannes: Das Hörspiel: Geschichte einer Kunstform. Hamburg 2014.

Tauber, Christopher / Wenzel, Hanna: Rocky Beach. Eine Interpretation. Graphic Novel. Stuttgart 2020.

Zum Weiterhören

Die drei ???-Podcast – Interviews zur Hörbuchreihe. [Bei diesem von Europa produzierten Podcast kommen die Protagonisten zu Wort.]

Haschimitenfürst – der Bobcast. [Ebenfalls eine Europa-Produktion, in der Bob-Sprecher Andreas Fröhlich Hintergründe verrät.]

Spezialgelagerter Sonderpodcast. [Fan-Podcast über die Generation Kassettenkinder im Allgemeinen und *Die drei ???* im Besonderen.]

Ausnahme der Rose. [Rückblick auf die Hörspielklassiker der Kindheit, darunter natürlich auch *Die drei ???*.]